Guía práctica en gestión de proyectos

Albert Garriga

Published by Albert Garriga, 2019.

PUEDES DESCARGAR LAS PLANTILLAS INCLUIDAS EN ESTE LIBRO EN:

https://www.recursosenprojectmanagement.com/descargar/

Contraseña: Libro0015421

INTRODUCCIÓN

¿Encuentras las guías habituales demasiado teóricas?

¿Te cuesta aplicar la teoría a tus proyectos reales?

¿Gestionas proyectos y aun no tienes claro cómo hacerlo?

¿Te gustaría dirigir proyectos pero el reto te asusta?

Si has respondido SI a alguna de estas preguntas. Este libro es para ti.

Como verás, este no es el típico libro sobre teoría de gestión de proyectos; sino una aproximación práctica y directa a las técnicas de gestión de proyectos.

En él te expongo estas técnicas en el contexto de un proyecto mediano, por ser el más habitual para la mayoría de nosotros, y en el orden en que estas van siendo necesarias a medida que avanza el proyecto. Acompañadas de ejemplos para facilitar su comprensión, y enlaces para que puedas ampliar conocimientos y descargar plantillas de soporte a las técnicas explicadas.

Aunque esta guía no siga la misma aproximación que otros libros sobre teoría de gestión de proyectos, tampoco cae en las malas prácticas o formas de hacer poco profesionales; sino que defiende una forma de trabajar profesional pero ajustada a la realidad de los recursos y tiempo de los que vas a disponer para hacer tu trabajo.

Para aquellos lectores que quieran o estén empezando a dirigir proyectos, el tercer apartado constituye un acompañamiento para asumir este nuevo rol. En él se explican las funciones del director/a de proyecto, las aptitudes que deberías desarrollar para este rol, y cómo puedes conseguirlo.

Y si respondiste NO a las preguntas, lo que significa que ya eres un/a profesional experimentado en el campo de la gestión de proyectos, espero que este libro te aporte un punto de vista diferente sobre la aplicación práctica de la teoría de gestión de proyectos.

1. CONCEPTOS GENERALES EN DIRECCIÓN DE PROYECTOS

En el siguiente apartado del libro te explicaré las técnicas de gestión de proyectos, pero primero vale la pena poner los proyectos y su gestión dentro del contexto de la empresa y su sistema organizativo; lo cual te será útil por los siguientes motivos:

1_ Entender las características de un proyecto te permitirá conocer las principales funciones de su director/a.

2_ Las funciones del director/a de proyectos se ven afectadas por la estructura de la empresa; conocerla te ayudará a saber lo que se espera de ti y a adaptarte mejor a tu puesto.

3_ Conocer la función de los proyectos dentro de una empresa te permitirá tomar decisiones más acertadas, considerando un punto de vista más amplio, fuera de lo que es la gestión de proyectos propiamente dicha.

1.2. ¿QUÉ ES UN PROYECTO?

Seguro que llevas tiempo trabajando en proyectos, pero ¿te has preguntado alguna vez qué es un proyecto?

Parece una pregunta obvia, pero cómo verás no lo es. Todos los proyectos comparten una serie de características que hacen que su gestión sea diferente a la gestión de operaciones o la de una empresa; conocerlas te permitirá entender mejor el rol del director/a de proyectos.

Volvamos a la pregunta: ¿qué es un proyecto?

Existen varias definiciones para proyecto, las cuales tienen en común que se trata de un trabajo o encargo con un alcance definido y único, sometido a una serie de restricciones. De esta definición se desprenden una serie de implicaciones que tienen una gran repercusión en la gestión de proyectos, y en la necesidad de tener un director/a de proyecto.

Alcance definido

El alcance del proyecto es aquello que se pretende conseguir al finalizarlo; sea un nuevo producto, un nuevo servicio, implementar algún cambio organizativo, etc. En todos los casos el alcance es definido, ya que no queremos cualquier producto, servicio o cambio organizativo.

Conocer este alcance y sus características es un punto indispensable para el director/a del proyecto, ya que su consecución será un criterio que definirá el éxito o fracaso del proyecto. Por ello, parte de tu trabajo será conseguir el nivel de definición necesario para que no exista ambigüedad en este punto.

Ejemplo.

Imagina que trabajas en una empresa fabricante de coches y te piden desarrollar un nuevo modelo. Todos sabemos lo que es un coche ¿cierto?, pero crees que esta palabra significa lo mismo si el proyecto lo solicita Rolls-Royce que si lo hace Ford; ambas marcas hacen coches, pero con características muy diferentes. Por lo tanto: ¿podemos considerar un éxito entregar un Rolls-Royce con las características de un Ford? Obviamente no.

Por lo tanto, en este encargo, uno de tus primeros objetivos sería definir las características de este coche: tales como tamaño, potencia, acabados, nivel de prestaciones, etc.

En el segundo apartado de este libro hay un capítulo dedicado a técnicas para definir el alcance. Sigue leyendo.

Alcance único

Que el alcance del proyecto sea único quiere decir que existen en él algunas características nuevas o diferentes a lo que se ha hecho anteriormente. Lo que no implica que todo sea nuevo. Estas características pueden ser tanto referentes al producto como a las condiciones o restricciones que afectan al proyecto.

Por consecuente, todos los proyectos necesitan de un análisis previo y de planificación, ya que estas singularidades, por pequeñas que sean, afectan a su desarrollo. Así mismo, esta es la característica que separa la gestión de proyectos de la gestión de operaciones.

Ejemplo.

Si volvemos al ejemplo del proyecto de desarrollo de un nuevo coche. Es evidente que, para un fabricante de coches, diseñar un coche no es algo novedoso; pero un modelo nuevo puede incluir mejoras o tecnologías que nunca se habían usado en los modelos anteriores, lo que supone un grado de novedad que va a requerir replantearse y modificar lo hecho anteriormente (nuevos ensayos, necesidad de personas con conocimientos diferentes, nuevas herramientas, nuevas pruebas de validación, nuevos proveedores, etc.).

Una vez este nuevo modelo haya finalizado su fase de desarrollo y empiece su fabricación en serie, la fabricación de cada unidad no implicará un nuevo proyecto; porque cada modelo fabricado en la línea será igual a los fabricados anteriormente; por lo que la característica de único dejará de existir y estaremos hablando de gestión de operaciones.

Restricciones

Que felices seriamos los directores/as de proyectos si tuviéramos todos los recursos que necesitáramos, cuando los necesitáramos, y pudiéramos acabar el proyecto en cualquier momento. Lo malo es que en este caso no tendríamos trabajo porque no haríamos falta.

La gestión de proyectos surge de la necesidad de conseguir el alcance del proyecto respetando, o incluso optimizando, sus restricciones. Entre estas restricciones podemos destacar el plazo de entrega, los recursos disponibles, el presupuesto, las restricciones legales o administrativas, etc.

Como su muestra en los capítulos posteriores, estas restricciones juegan un papel muy importante a la hora de planificar el proyecto; ya que planificar consiste en encontrar una forma viable de conseguir el alcance respetando las restricciones. Si esto no es posible, decimos que el proyecto no es viable.

De todos modos, de la propia definición de proyecto podemos extraer las principales funciones del director/a de proyectos. Durante la fase de planificación, tu función será encontrar una forma viable de conseguir el alcance, respetando las restricciones del proyecto. Una vez hayas conseguido definir esta planificación, empezará la ejecución, donde deberán seguir y controlar el proyecto para que siga esta planificación, aplicando las contramedidas necesarias cuando se desvíe.

En el siguiente apartado te explicaré las técnicas, base teórica, consejos y herramientas para que puedas definir bien el alcance y realizar correctamente la planificación y control del proyecto.

1.2. ¿POR QUÉ LAS EMPRESAS HACEN PROYECTOS?

Ahora que sabes lo que es un proyecto, te pueden surgir otras preguntas, tales como: ¿Por qué las empresas hacen proyectos? ¿Qué motivación hay detrás de los mismos? ¿Para qué sirve un proyecto?

Estas preguntas parecen alejadas de la dirección de proyectos, pero no lo están. Conocer sus respuestas es muy importante para poder hacer frente a las solicitudes de cambio, o cuando debas proponer recortes o contramedidas porque conseguir el alcance inicial deja de ser factible.

El proyecto dentro de la empresa

Se pueden identificar diferentes tipologías de actividades dentro de una empresa: las productivas, que son las que forman parte de las operaciones de la empresa y de su cadena de valor; los proyectos, los cuales responden a necesidades puntuales; y las no productivas o de soporte, que son las necesarias para mantenerla y gestionarla. La cuestión es ver cómo los proyectos se integran con el resto de las actividades, lo que se representa en el siguiente gráfico:

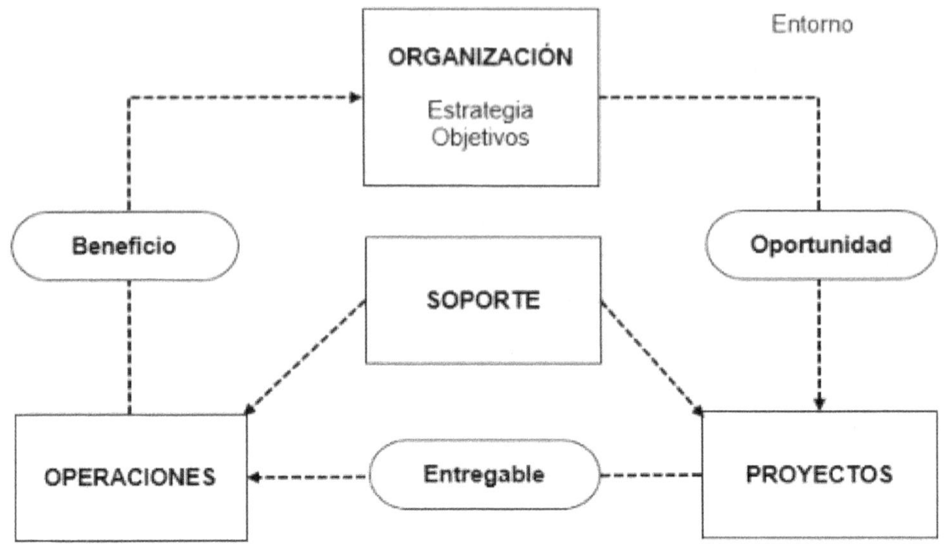

El recuadro superior representa la organización donde se ejecutan las actividades, la cual lleva a cabo su actividad dentro de un determinado entorno, y dispone de una estrategia y unos objetivos. En base a estos, la organización detecta oportunidades y las analiza para ver cuáles son factibles y rentables.

Las oportunidades aprobadas son las que dan lugar a los proyectos, los cuales generan como resultado una serie de entregables que se incorporan a las actividades operativas de la organización. Y esta los usa dentro de su actividad habitual para generar unos beneficios que retornan a la organización.

Ejemplo.

Siguiendo con el ejemplo del desarrollo de un nuevo coche, la oportunidad podría ser ocupar un espacio en el mercado donde la empresa no tenía presencia; o incluir en el catálogo un modelo eléctrico aprovechando la demanda creciente para este tipo de vehículos. Y el entregable sería el coche desarrollado y listo para su fabricación en serie.

Por lo tanto, los proyectos son la forma en que las empresas aprovechan las oportunidades y las incorporan a sus operaciones para generar beneficios.

Esto puede parecer que no es aplicable en el caso de empresas de ingeniería que realizan proyectos para terceros; ya que la diferencia entre proyectos y operaciones no estaría tan clara, y se podría decir que se hace un proyecto porque el cliente lo paga.

En este caso las operaciones podrían verse como el departamento de ventas, el cual detecta una oportunidad (necesidad de un cliente de hacer un proyecto), y factura unos entregables después de que estos han sido ejecutados por el equipo de proyectos.

A parte de oportunidades debidas a necesidades del mercado, también podemos encontrar proyectos que se hagan para poder cumplir con nuevas normativas. En este caso, cumplir con la normativa permitirá a la empresa seguir con sus operaciones o evitarse sanciones.

En ambos casos el gráfico sigue siendo aplicable. ¿No crees?

¿Por qué esto es importante?

Como director/a de proyectos deberás hacer frente a solicitudes de cambio, imprevistos, atrasos, sobrecostes, etc. Aspectos que te obligarán a cambiar la planificación inicial, y que pueden llegar a hacer que el proyecto ya no pueda cumplir con todas las restricciones o el alcance inicial. Por ello, si conoces la oportunidad detrás del proyecto y sus motivaciones, podrás priorizar las restricciones y las características del alcance inicial, planteando soluciones que no afecten significativamente al objetivo o minimicen su impacto. Aunque en teoría se dice que un proyecto tiene éxito cuando cumple con el alcance; en la práctica, si este no lo cumple totalmente, pero cumple con las motivaciones y oportunidades detrás del proyecto, es posible continuar hablando de un proyecto exitoso que consigue la satisfacción del cliente.

Ejemplo.

Imaginemos que en el ejemplo del coche tenemos que desarrollar un nuevo modelo eléctrico, de precio medio, con una serie de acabados y equipamiento, con el objetivo de cubrir un segmento del mercado específico y conseguir un determinado beneficio. Durante la ejecución del proyecto puede ocurrir que el desarrollo de la transmisión eléctrica tenga unos costes más altos a los esperados por ser novedad; lo cual implicará reducir el margen de beneficio o un precio de venta más alto que nos saque del segmento que queremos cubrir. En este caso, talvez podamos replantearnos los acabados y el equipamiento para compensar este sobrecoste, eliminando aquello que se considera de menor valor para el usuario final. Como resultado podemos tener un coche eléctrico con un precio de venta adecuado al segmento que queremos cubrir, que aporte los beneficios esperados, aunque con acabados y equipamiento peores, pero aun aceptables.

Llegados a este punto te puedes estar preguntado quién define la oportunidad y las motivaciones, y cómo puedes conocerlas en tus proyectos. Pues la respuesta es hablando con los interesados; principalmente con el sponsor y el comité de dirección del proyecto en proyectos internos, o con el propio cliente en proyectos externos.

Ejemplo.

Si nos contratan para construir un edificio de apartamentos con el objetivo de alquilarlos y sacar un beneficio, podemos llegar a una situación como la del ejemplo anterior. Si durante la ejecución hay una bajada del precio del alquiler, o una subida de determinados materiales; talvez tengamos que replantear el uso de materiales caros para reducir el coste de la obra y mantener el beneficio de la inversión.

En todo caso será el promotor o inversor quien defina si quiere sacrificar calidad o beneficio en el proyecto.

1.3. EL DIRECTOR/A DE PROYECTOS DENTRO DE LA EMPRESA Y SUS FUNCIONES

¿Qué es un director/a de proyectos?

¿Cuál es su responsabilidad?

Muchas personas responderían a estas preguntas diciendo que el director/a de proyectos es el responsable de dirigir el proyecto, de conseguir los resultados del proyecto, o la máxima autoridad dentro del proyecto; lo cual no siempre es cierto.

De hecho, solo lo es en grandes proyectos o en empresas donde la gestión de proyectos tenga mucho peso. En el resto de los casos, el rol y responsabilidad que asumirás como director/a de proyecto dependerá del tipo de organización donde trabajes.

Por ello, un punto importante cuando empieces a asumir tu nuevo puesto es descubrir dentro de qué tipo de organización estás trabajando, y por lo tanto, que esperará esta de ti.

También es importante entender que cuando hablamos de dirigir proyectos dentro de una organización, esta constituye un límite a tus resultados, por encima y por debajo.

Si trabajas en una empresa con una cultura de gestión de proyectos pobre, sin procesos ni herramientas para ello, tu capacidad de gestionar proyectos será también pobre. Simplemente no puedes hacerlo mejor que lo que permita la organización; y esto puede ser frustrante para personas formadas que les gustaría poder ir más allá.

De la misma forma no debes hacerlo peor. Si la empresa tiene sus procesos y herramientas para gestionar proyectos, se espera que los uses y que aportes tus conocimientos para sacar el mayor provecho de ellos.

No cabe decir que en ambos casos puedes, y deberías, mirar de aportar tus conocimientos y experiencia para poder mejorar la forma en que se dirigen los proyectos.

La dirección de proyectos en organizaciones funcionales

Las organizaciones funcionales son aquellas en que la autoridad recae sobre los responsables de las áreas funcionales, una de las cuales puede encargarse de gestionar los proyectos y es donde tú trabajarás. Esta situación es bastante habitual en muchas empresas.

En esta situación la autoridad del director/a de proyectos es mínima; su función se limita a coordinar los trabajos que realizan las diferentes áreas implicadas en el proyecto y a las tareas administrativas, sin responsabilidad directa sobre los recursos. En la práctica asume un rol de coordinador/a de proyectos.

Esto no implica que desaparezca la necesidad de planificar, seguir y controlar el proyecto; pero el peso de estas recae en gran medida sobre los responsables de las áreas funcionales. El director/a de proyectos es el encargado de hacer que esto se ejecute de forma coordinada, de acuerdo con los procesos que la empresa tenga definidos, y de informar (en ambos sentidos) sobre el estado del proyecto.

La dirección de proyectos en organizaciones matriciales

La organización matricial se caracteriza porque las personas reportan a dos responsables, por un lado, al responsable del área donde trabajan y por otro al director/a del proyecto donde están asignados.

En este caso la autoridad del director/a de proyectos es mayor que en el caso anterior, pero situándose al mismo nivel que la de los responsables de área, los cuales mantienen el control sobre la los recursos asignados al proyecto.

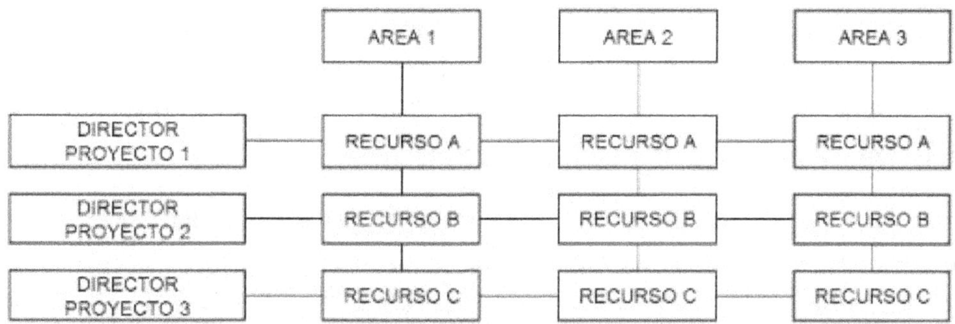

Si estás en esta situación te tocará asumir todas las funciones y responsabilidades que se esperan de alguien que es el máximo responsable del proyecto, aunque tu libertad para definir y decidir sobre los recursos estará condicionada al hecho de tener que pactar con los responsables de área. Esto también reduce tu autoridad sobre el equipo del proyecto, ya que estos ven como su jefe al responsable de área.

Por lo tanto, en esta situación no solo necesitas saber sobre gestión de proyectos, sino que las habilidades interpersonales cobran mayor importancia debido a los continuos conflictos y negociaciones que pueden surgir como consecuencia de la duplicidad de jefes.

La dirección de proyectos en organizaciones por proyectos

Las organizaciones orientadas a proyectos son aquellas en que los proyectos constituyen su principal actividad, y por lo tanto, su organigrama y forma de funcionar está centrada en estos. También es una forma de organización frecuente en los proyectos de gran envergadura, los cuales muchas veces cuentan con estructuras específicas para ejecutarse.

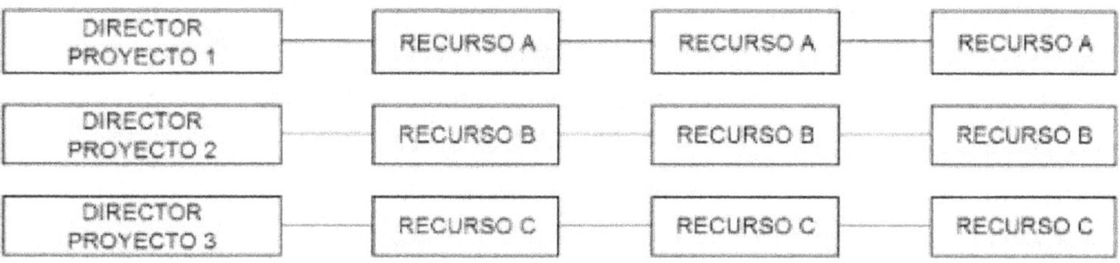

En esta situación el director/a del proyecto es el máximo responsable del proyecto y la única autoridad por encima de los miembros del equipo. Por ello asume todas las funciones y responsabilidades sobre los aspectos internos y externos relacionados con el proyecto y sus recursos.

Se trata de una situación infrecuente en muchas empresas, lo habitual son las dos anteriores, y menos en profesionales con poca experiencia. Si este es tu caso, necesitarás dominar las técnicas de gestión de proyectos, así como las habilidades interpersonales para poder gestionar las comunicaciones y a las personas implicadas en el proyecto.

1.4. EL CICLO DE VIDA DE UN PROYECTO

El ciclo de vida de un proyecto se puede definir como el conjunto de etapas que de sucesivas que componen la ejecución del proyecto. Aunque por terminología se parezca, no debes confundirlo con el cronograma, ya que no hablamos de tareas; ni con las fases en que se divide la gestión del proyecto, las cuales te explicaré en el siguiente capítulo.

Una etapa podría definirse como un conjunto de tareas que permiten generar un resultado con significado propio, y que supone un avance en la consecución del objetivo final del proyecto. De esta forma podemos tener las etapas de análisis de viabilidad, del proyecto preliminar, de la creación de prototipos, etc, siempre en función de la tipología, tamaño, y objetivos finales del proyecto.

Consejo.

Es habitual que el ciclo de vida sea similar entre proyectos del mismo tipo, por lo que te sugiero que busques en tu empresa otros proyectos similares al tuyo; lo que te permitirá definir estas etapas de forma coherente con la forma de trabajar en tu empresa y sector.

De forma general, existen una serie de características comunes entre los ciclos de vida de diferentes proyectos:

1_ El ciclo de vida es solo aplicable a proyectos grandes, ya que este raramente supone una ventaja en proyectos pequeños (tal vez exceptuado los proyectos de desarrollo de software)

2_ El ciclo de vida sigue un criterio de desarrollo iterativo, de tal forma que el resultado de cada etapa supone un paso más hacia la consecución de los objetivos finales del proyecto.

3_ El ciclo de vida introduce flexibilidad al proyecto, ya que cada etapa puede afectar a los objetivos o a la planificación de la siguiente, o del proyecto completo, e incluso provocar el cierre prematuro de este.

4_ La división del proyecto en etapas permite disminuir el riesgo del proyecto (visto desde el punto de vista de la oportunidad que lo soporta), ya que permite subordinar las nuevas inversiones a la consecución de determinados objetivos, cerrando el proyecto cuando se demuestre que ya no es posible conseguirlos.

Ejemplo:

Si un estudio de viabilidad muestra que el proyecto no será económicamente rentable, se puede decidir no continuar.

5_ La definición de objetivos en cada etapa permite la focalizar el equipo del proyecto, incrementando su eficiencia y facilitando su gestión.

Ejemplo.

Diferentes ciclos de vida de proyectos:

Proyecto de construcción

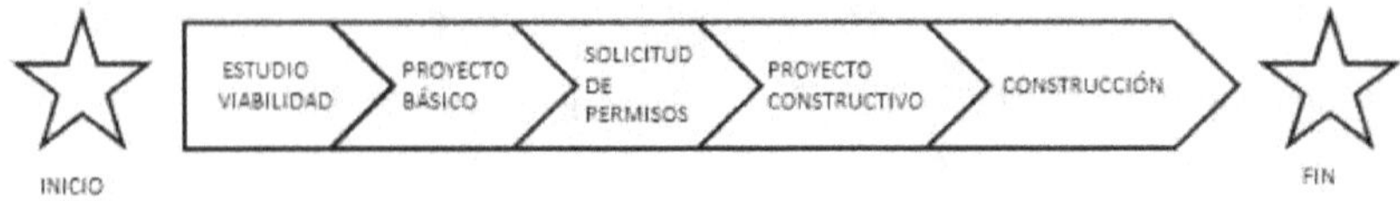

Proyecto de desarrollo de un nuevo producto para ser fabricado en serie, incluyendo diferentes lotes de desarrollo.

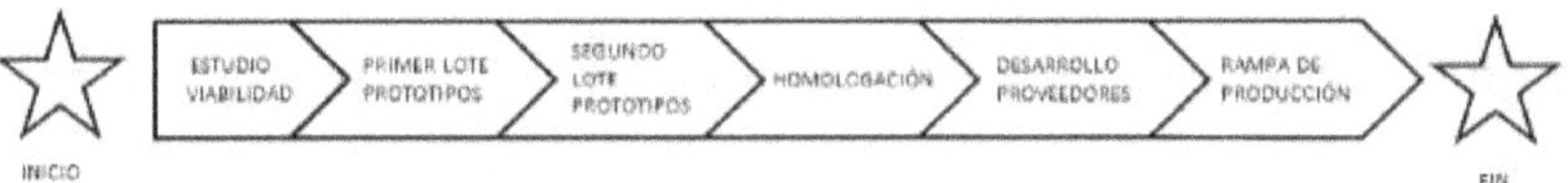

En este punto te puedes preguntar el efecto que tiene el ciclo de vida sobre la gestión del proyecto. Pues lo más significativo es que un proyecto suele gestionarse a dos niveles diferentes: a nivel del proyecto completo y a nivel de etapa, aplicando en cada uno de ellos las fases definidas por la metodología de dirección de proyecto que se quiera utilizar (la misma para los dos niveles). Lo verás en más detalle a continuación.

1.5. FASES DE UN PROYECTO

Este capítulo se centra en los proyectos tradicionales, que son los más habituales y los que suelen contar con fases como tal.

Es fácil confundir etapa con fase, pero mientras la primera está relacionada con los pasos que deben darse durante la ejecución del proyecto, las fases son más un concepto de gestión de proyectos relacionado con los diferentes estados por los que pasa el proyecto.

De esta forma, si consideramos un proyecto dirigido según el enfoque tradicional, tendremos las fases de inicialización, planificación, ejecución, control y seguimiento, y cierre. Las cuales normalmente se muestran así:

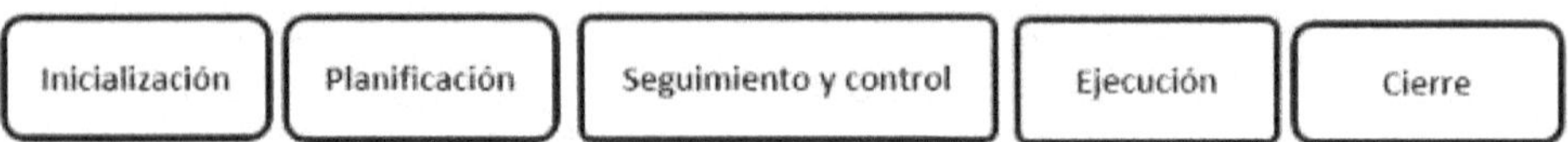

1_ Inicialización. Esta fase corresponde a la definición inicial del proyecto y a su aprobación para ser ejecutado.

2_ Planificación. Cómo su nombre indica es la fase donde se desarrollan los diferentes planes de gestión (cronograma, la lista de tareas y entregables, los planes de recursos, los planes de gestión de riesgos, etc)

3_ Seguimiento y control. Aunque se muestre en secuencia, esta fase suele estar superpuesta a la fase de ejecución. En esta se hace el control de las tareas ejecutadas, la comparación con la planificación (líneas base), y la definición y aplicación de contramedidas en el caso de desviaciones.

4_ Ejecución. Durante la ejecución es cuando realmente se llevan a cabo las tareas planificadas con objeto de completar los entregables.

5_ Cierre. En esta fase se certifica que se han conseguido los entregables, o que ya no se pueden conseguir, lo que da lugar al fin del proyecto o etapa. Esta finalización formal conlleva la liberación de los recursos y la realimentación del proceso de gestión de proyectos con las lecciones aprendidas.

Aunque poner las fases ordenadas en secuencia tiene su lógica, en la práctica las verás de forma un poco diferente.

Por un lado su orden no es tan secuencial, lo que significa que no se completa totalmente una fase para dar comienzo a la siguiente; sino que estas se superponen dando lugar al siguiente gráfico:

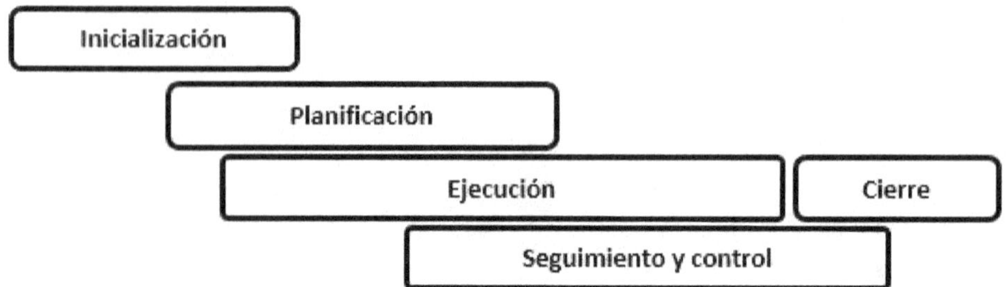

Con esto no estoy diciendo que el proyecto se comprima, sino que en la realidad las fases se ejecutan ligeramente en paralelo. Esto es debido a que algunos aspectos dentro de las fases suelen desarrollarse de forma progresiva, a medida que existe información para ello. Y esta información suele provenir del inicio de la siguiente fase.

Por ejemplo; en la fase de inicialización es donde debe definirse el proyecto y analizar su viabilidad, lo que a veces requiere una visión más detallada de la planificación, o empezar a definir el producto (el típico proyecto conceptual en muchos sectores) para ver si lo que se quiere hacer es viable o no. Por ello, es posible que la planificación y ejecución puedan empezar antes dando soporte a la inicialización.

La planificación suele hacerse de forma progresiva, ya que esta puede desarrollarse en más detalle a medida que se va teniendo más información del proyecto. Adicionalmente, los cambios y desviaciones te obligarán a ir ajustando la planificación durante la ejecución.

El seguimiento y control están casi superpuestos. Evidentemente se controla y se sigue lo que se está ejecutando, por ello estas fases discurren casi solapadas. Sin nada que controlar no hay control.

Por otro lado, y como te indicaba en el capítulo anterior, es muy habitual que de forma más o menos formal estas fases se desarrollen dentro de cada etapa del proyecto.

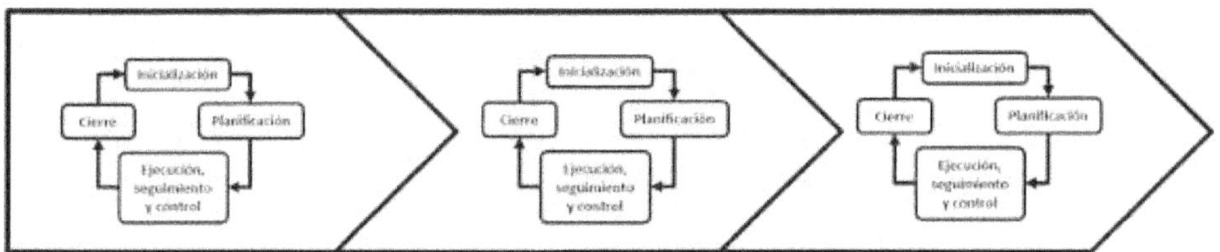

Una etapa puede definirse como un conjunto de tareas que permite generar un resultado con significado propio. Por lo tanto, cada etapa tiene un inicio, un alcance y un final, unido normalmente a una entrega (formal o no); lo que permite tratar cada etapa de forma similar a un proyecto.

Y, ¿Cómo afectan estos dos aspectos a la gestión práctica de un proyecto?, ¿Tiene alguna ventaja adoptar esta forma de trabajar? Pues sí.

1_ Por un lado te permitirá focalizar los esfuerzos en la etapa en que estés trabajando, ya que tendrás objetivos más a corto plazo y por lo tanto más fáciles de gestionar. A parte, el equipo a gestionar se reduce, debido a que solo trabajarán aquellos que tengan alguna tarea en la etapa.

2_ Unido a lo anterior, verás que los equipos de proyecto suelen ir entrando y saliendo del proyecto; y a veces suelen tener demasiadas ganas de salir. Vigila este aspecto, ya que cuando acabes una etapa debes asegurarte de que el trabajo se ha completado y ha sido correctamente transferido a la siguiente etapa.

Aprovechando los inicios y cierres de etapa puedes hacer un control de la calidad del proyecto, ya que estos son entregables que muchas veces pasan de un equipo de trabajo al siguiente, por lo que las personas que lo reciben pueden ayudarte a decir si el entregable es correcto o no.

Ejemplo.

Imagina que tienes que empezar la etapa de compras, usando para ello las especificaciones técnicas que ha preparado ingeniería en la etapa de diseño. Los compradores y los proveedores que las reciben te pueden decir si son suficientemente detalladas. Si ves que los proveedores no las entienden o que compras se queja de falta de definición, ya puedes suponer que lo entregado no cumple con su objetivo.

3_ Verás que se facilitan las tareas de planificación y estimación, ya que permite hacerlas de forma progresiva. Inicialmente puedes partir de estimaciones o planificaciones generales, y a medida que avances en el proyecto puedes desarrollar en más detalle aquellas que afecten a la siguiente etapa, aprovechando la mayor información disponible

Ejemplo.

Siguiendo con el ejemplo anterior, puedes empezar el proyecto partiendo de datos de plazos y costes de proyectos anteriores similares. Pero una vez hagas el proceso de compras podrás ajustar estas estimaciones a los valores de precios y plazos que te den los propios proveedores, basados ya en tu proyecto. En este momento tendrás una visión más ajustada y con menos riesgo del coste y plazo.

4_ De los dos puntos anteriores se desprende que puedes gestionar mejor los riesgos, ya que por un lado el mayor control te permite reducir el riesgo de cometer errores o solucionarlos en etapas tempranas del proyecto; y por otro, al planificar con mayor información esta es más fiable y precisa.

5_ Un punto negativo es que el foco en la etapa puede hacerte perder la visión general del proyecto. Por ello es importante que mantengas el conjunto del proyecto en tu cabeza, y procures identificar y anticipar efectos de una etapa a las siguientes.

Como puedes ver, tanto el ciclo de vida como las etapas de un proyecto son algo muy útil en la práctica, y les puedes sacar mucho partido si las usas correctamente. Teniendo esta teoría en la cabeza, y con un poco de práctica, seguro que gestionarás los proyectos más fácilmente.

2. TÉCNICAS Y HERRAMIENTAS EN GESTIÓN DE PROYECTOS

Este libro pretende ser práctico, por lo que la explicación de las técnicas y herramientas de gestión de proyectos se hará sin seguir el enfoque teórico habitual. En su lugar, se plantean los diferentes temas en el orden en que estas aparecen en un proyecto, lo que me permite presentártelos en el orden en que habitualmente los necesitarás.

Esta forma de tratar el tema puede no gustar a los más tradicionales o expertos, pero espero que así el libro sea más útil y agradable de leer para profesionales de todos los niveles. Para conocer la teoría de forma tradicional siempre puedes recorrer a libros teóricos más tradicionales; lo cual te recomiendo que también hagas.

2.1. LA COMUNICACIÓN DENTRO DEL PROYECTO

Como director/a del proyecto te va a tocar ser su cara visible y estar en el centro del equipo que lo ejecuta, y esto implica mucha comunicación. Por este motivo las habilidades de comunicación se incluyen dentro de los aspectos a desarrollar cuando se accede a este puesto (en el último apartado se tratan estos aspectos); y es también la causa de que este capítulo sea el primero dentro de este apartado.

En un proyecto deberás comunicarte con el equipo y fomentar que estos se comuniquen contigo, informar a la dirección y al cliente, recabar información de otras personas, etc. Y conseguir todo esto va a ser un factor determinante para la consecución de los objetivos y la facilidad con la que se desarrolle el proyecto.

Pero vayamos por pasos. Lo primero que debes conocer son los objetivos que se persiguen con esta comunicación; entre los que se pueden destacar:

1_ Integrar el equipo. Un proyecto es un conjunto de tareas interrelacionadas y ejecutadas por personas. Por ello es importante que estas personas y tú mismo como director/a del proyecto estéis coordinados, y sepáis en todo momento lo que se tiene que hacer y cómo se está haciendo

2_ Informar. En cualquier proyecto existe siempre un conjunto de personas, que sin participar directamente en él, se van a ver afectadas por su resultado o necesitan estar informadas sobre el mismo. Entregar a cada persona la información que necesita es un objetivo importante de la comunicación.

3_ Ser informado. Esta es la otra cara de la moneda en la comunicación, ya que tú también debes ser informado. Necesitas conocer expectativas, recibir comentarios, información del estado del proyecto, posibles problemas, etc. Sin está comunicación te será muy difícil planificar y controlar el proyecto, por lo que debes fomentar una comunicación bidireccional.

4_ Evitar o solucionar conflictos. El hecho de que el proyecto este ejecutado por personas implica la existencia de conflictos, tanto de índole técnica como personal, los cuales deberán de ser prevenidos y gestionados por parte del director/a de proyecto mediante la comunicación.

Recurso.

Si quieres saber más sobre cómo actuar delante de un conflicto visita https://www.recursosenprojectmanagement.com/ conflicto-en-proyectos/

Características de la comunicación dentro del proyecto

Y ¿Cómo debe ser esta comunicación para que sea efectiva?

Desde el punto de vista de la gestión de proyectos podemos definir una serie de características para conseguir una buena comunicación. Considéralas cuando definas el plan de comunicación de tu proyecto

1_ Precisa. El hecho de mandar una gran cantidad de información a una misma persona dificulta que esta pueda focalizarse en aquello que es importante, lo que suele generar confusión. Por ello es recomendable que las comunicaciones sean directas y ajustadas al objetivo e intereses de cada persona. Lo que no debe confundirse con "escatimar" información, ya que sin llegar a caer en el exceso de información, es importante dar a conocer el contexto de las solicitudes o información que se transmite. Con ello se consigue una mejor comprensión de esta información, una mayor capacidad para aportar y ejecutar el trabajo, así como un mayor sentido de vinculación del interlocutor.

2_ Continuada. Dentro de los límites que marca el sentido común, es mejor transmitir frecuentemente pequeñas cantidades de información, que comunicar mucho de golpe. Con ello se facilita que el receptor reciba y asimile dicha información, y se incrementa su vinculación al proyecto. Esto debe hacerse respetando el punto anterior, lo que significa que no debes "bombardear" a alguien con pequeñas cantidades de información que no le afectan.

Idealmente cada persona debería recibir la información que necesita justo en el momento que la necesita. En la práctica esto no es posible, pero cuando más te alejes de este principio más malentendidos y confusión se generará dentro del proyecto.

3_ Ajustada al interlocutor. No es lo mismo comunicarte con un miembro del equipo del proyecto que pertenece a tu empresa, con un proveedor, con el cliente, o con la dirección; por lo tanto, el mensaje, en forma, soporte y contenido, debe ser ajustado a cada receptor.

4_ Participativa. Como te he comentado, uno de los objetivos que se persigue con la comunicación es él de ser informado. Para ello debes fomentar que la comunicación sea bidireccional, e introducir en ella personas que puedan aportar conocimientos y puntos de vista que puedan favorecer a los objetivos del proyecto. Esto es especialmente importante en la fase de planificación y el inicio de la ejecución, donde hay un especial interés en descubrir requerimientos y riesgos ocultos.

5_ Abierta. Por regla general es más recomendable ser abiertos, incluso con los puntos negativos, que intentar esconder información. En este sentido es mejor decir que algo va mal y el plan que tenemos para solucionarlo, que no decirlo. De esta forma se evitan rumores, sensación de descontrol, nervios, etc.

Tipos de comunicación dentro del proyecto

De forma general es posible dividir las comunicaciones que se desarrollan dentro del proyecto en cuatro grupos, en función de si es formal o informal, e interna o externa.

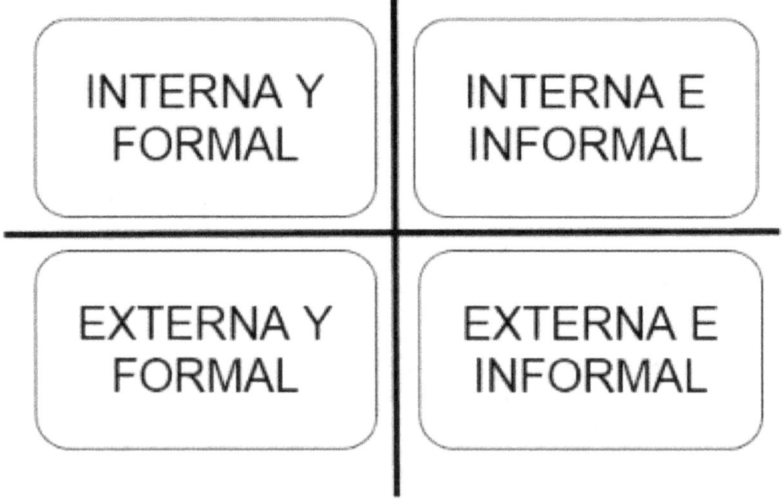

1_ Comunicación interna formal. Es toda comunicación que se desarrolla dentro del equipo del proyecto a través de canales formales. En general corresponde a la distribución de documentación oficial del proyecto, o de información relacionada con los objetivos de este, la cual debe ser considerada para ejecutar el trabajo. El hecho de hacerse por canales formales permite el registro y consulta posterior de dicha información, y suele estar ligada a un determinado procedimiento.

Ejemplo.

Las reuniones de seguimiento periódicas y su posterior acta serían un ejemplo de comunicación formal interna

2_ Comunicación formal externa. De forma similar a la anterior es aquella comunicación que se desarrolla del proyecto hacia el exterior (cliente, dirección, interesados) a través de canales formales.

Se usa este tipo de comunicación cuando se quiere dejar constancia de la información trasmitida, bien por su importancia, porque afecta a los objetivos, o porque su entrega forma parte del alcance.

Ejemplo.

Los informes de seguimiento o las actas de aceptación serían ejemplos de comunicación formal externa.

3_ Comunicación informal interna/externa. Es el tipo de comunicación más habitual dentro del proyecto, la que permite integrar al equipo, y la mejor para resolver y evitar conflictos. Por su carácter informal no queda registro de ella, por lo que como director/a del proyecto debes tener el criterio suficiente para recoger aquellos temas más importantes que deban ser transmitidos formalmente.

Ejemplo.

Una llamada, una charla en la mesa o el pasillo, etc. son ejemplos de comunicación informal. En función de quien sea el interlocutor será interna o externa.

Consejo.

Un aspecto importante que considerar es el envío de correos electrónicos o documentos preliminares como comunicación informal. Esto es algo habitual, pero debes considerar que al tratarse de un soporte escrito puede ser considerado una comunicación formal. No sería la primera vez que delante de un conflicto aparece un correo electrónico o un documento que para el emisor era informal pero el receptor lo considero formal. En estos casos lo mejor es clarificar el carácter informal de la comunicación, bien en el cuerpo del mail o como una nota sobre los documentos.

Reuniones más habituales en gestión de proyectos

Una parte importante de la comunicación formal dentro de un proyecto son las reuniones, y por ello existen varias que suelen aplicarse en la mayoría de ellos.

A continuación, te voy a listar las más importantes y sus objetivos. Queda a tu criterio como director/a del proyecto definir y organizar las reuniones que consideres necesarias. Recordando que el tiempo dedicado a reuniones debe ser proporcional al beneficio que saques de ellas, ya que también restan tiempo efectivo de ejecución.

<u>Reunión de inicio del proyecto (KICK-OFF)</u>

Como su nombre indica, esta reunión representa el inicio formal del proyecto y se ubica entre la fase de inicialización y la de planificación.

Es recomendable que en esta reunión participe el cliente o usuario final, los principales interesados, la dirección, así como los componentes principales del equipo del proyecto; ya que constituye la primera oportunidad para confirmar que todos los integrantes del proyecto tienen una misma idea sobre los objetivos y restricciones de este, o de detectar que no es así.

De esta forma, esta reunión debería cubrir los siguientes puntos básicos:

1_ Presentar y oficializar al director/a del proyecto.

2_ Presentar a los principales integrantes del proyecto, definiendo el rol y responsabilidad de cada uno.

3_ Definir y clarificación del alcance. Esto también te permite detectar discrepancias o definir mejor sus características.

4_ Definir y clarificación las restricciones.

5_ Presentación del planteamiento del proyecto.

Recursos.

Puedes descargar una lista de control de la reunión en la dirección de descarga que aparece en la primera página del libro. Con ella conseguirás asegurar que todos los puntos importantes de esta reunión se han tratado.

Reunión de inicio interna (KICK-OFF interno)

Esta reunión se realiza al inicio del proyecto, después de la reunión anterior, y de cada etapa; con el objetivo de oficializar su inicio, dar a conocer el alcance a desarrollar, los procedimientos a seguir, las restricciones existentes, y definir el equipo que va a participar y sus funciones. Por consecuente la agenda y los participantes se van a ir ajustando en función de cada caso.

Ejemplo.

Puedes hacer una reunión de inicio de la ingeniería (si tu proyecto la incluye) con el equipo técnico encargado de ejecutarla. En ella les puedes explicar el alcance del diseño, las horas disponibles, los documentos y fechas de entrega, etc. y al mismo tiempo el equipo de ingeniería te puede plantear sus dudas o quejas. Estas son muy importantes porque pueden revelar riesgos, información faltante, o puntos a mejorar en la planificación o definición del alcance.

Entrega y aprobación de entregables

Como has visto al inicio de este apartado, todos los proyectos tienen como objetivo generar una serie de entregables, finales o intermedios, que habitualmente se entregan de forma formal. Como su nombre indica, el objetivo de esta reunión es oficializar esta entrega y conseguir su aprobación; permitiendo avanzar hacia la siguiente etapa, cerrar el proyecto, o proceder a la facturación si corresponde.

En el caso de entregas parciales, es también una oportunidad para confirmar que el proyecto está avanzando en la dirección correcta, y descubrir posibles requerimientos y riesgos que no fueros identificados inicialmente. Por ello es conveniente que esta reunión incluya personal del equipo técnico, capaz de explicar y comprender los detalles del entregable.

Al tratarse de una reunión formal, habitualmente vinculada a aprobaciones del trabajo ejecutado y a hitos de facturación, es recomendable emitir un documento formal de aprobación, o como mínimo dejar esto muy claro en un acta firmada por los asistentes. Es muy habitual la tendencia a reabrir temas o replantearse cosas; tener esta aprobación formal te ayudará a impedirlo o a tratarlo como un cambio.

Recurso.

Puedes descargar un acta de aceptación en la dirección de descarga que aparece en la primera página del libro.

Reuniones de traspaso de responsabilidad (HANDOVER)

Se trata de reuniones que ocurren cuando el trabajo pasa de un equipo al siguiente, habitualmente por un cambio de etapa (comercial, ingeniería, compras, fabricación, etc.). Por lo tanto, son reuniones pensadas para traspasar la información entre equipos, quedando el primero fuera del proyecto y el segundo a cargo de continuar con el trabajo.

A nivel de gestión de proyectos estas reuniones son importantes para informar a las personas que deben empezar su trabajo y lo que deben hacer, y como forma de controlar la calidad del trabajo ejecutado. Si el receptor piensa que la información que recibe no es correcta se quejará, lo cual es un aviso de posibles problemas.

Ejemplo.

El traspaso de las especificaciones de compra de ingeniería a compras puede ser un ejemplo de esta reunión. Si compras considera que la información recibida no es suficiente como para solicitar ofertas puede haber un problema con el entregable de ingeniería y deberías revisarlo.

<u>Reunión de seguimiento del proyecto</u>

Este tipo de reunión es la más habitual en la gestión de proyectos, y como su nombre indica, su objetivo es compartir información sobre el estado del proyecto. Esto puede darse tanto internamente como externamente; por ello existen dos tipos de reuniones de seguimiento:

1_ Reunión de seguimiento interna. Es la reunión liderada por el director/a del proyecto que reúne a los integrantes del equipo del proyecto para conocer la situación de este.

2_ Reunión de seguimiento con cliente o dirección. Se trata de reuniones informativas, para dar a conocer el estado del proyecto. Normalmente se acompañan de un informe de seguimiento o un resumen de sus principales aspectos.

Recursos.

Puedes descargarte un informe de seguimiento de proyectos en la dirección de descarga que aparece en la primera página del libro.

Todas estas reuniones se consideran parte de las comunicaciones formales, por lo que es recomendable que estén documentadas mediante su correspondiente acta.

Recursos.

Gestión de la comunicación

Ahora que sabes los objetivos buscados y los tipos de comunicación que existen, llega el momento de definir qué tipo de comunicación formal usarás a lo largo del proyecto, lo que se conoce como el plan de comunicación. Este plan forma parte de la planificación del proyecto que verás más adelante.

Un buen plan de comunicación debe incluir una definición de qué acciones de comunicación se llevarán a cabo (reuniones, envió de informes, envío de información, etc.), cuándo estas acciones se llevarán a cabo (lo puedes mostrar en el cronograma como hitos), y qué medios se usarán (presencial, online, usando una herramienta, etc.). También es importante identificar las personas que deben estar incluidas en estas comunicaciones y definir cuándo incluirlas.

Con ello conseguirás una comunicación formal más eficiente y que te facilitará el trabajo de gestionar el proyecto; siempre teniendo en cuenta que el tiempo y esfuerzo dedicado a reuniones y comunicación sea adecuado a los resultados que esperas conseguir. Pasarse es contraproducente, tanto en costes como en la respuesta del equipo.

2.2. CÓMO EMPIEZAN LOS PROYECTOS

En la teoría de gestión de proyectos, estos empiezan en la fase de inicialización; la cual tiene como objetivos la definición inicial del proyecto, la designación del director/a del proyecto, la asignación de los principales recursos (humanos y materiales) y la aprobación formal del inicio del proyecto. Esta fase la lleva a cabo el sponsor del proyecto o el comité de dirección del proyecto, aunque es recomendable que el director de proyectos participe.

El entregable de esta fase es el acta de constitución del proyecto, o project charter en inglés, la cual incluye los siguientes puntos:

1_ Nombre del proyecto y descripción. Puede parecer una tontería, pero a veces el nombre del proyecto cambia de un documento a otro.

2_ Designación del director del proyecto y definición de su nivel de autoridad. Este punto es importante porque te reconoce como director/a del proyecto y te permite empezar a trabajar. La definición de tu nivel de autoridad va muy ligada a la organización de la empresa, como ya has visto.

3_ Justificación del proyecto. Esto es la oportunidad y motivaciones que generan el proyecto, las cuales ya te he comentado anteriormente porqué son importantes.

4_ Asignación de recursos al proyecto. En la inicialización se hace una asignación preliminar de los principales recursos (humanos y materiales), y se define la estrategia a seguir (usar recursos propios o subcontratar); por ello conviene que te impliques en esta fase. ¿Te gustaría asegurarte a un determinado compañero en el equipo? ¿Prefieres que un determinado paquete de trabajo se haga fuera? Aquí es el lugar de hacerlo.

5_ Definición inicial de los principales interesados y sus intereses. Los interesados (o stakeholders en inglés) son aquellos que están afectados por el proyecto o pueden afectarlo, trabajen o no en él. Conocerlos es importante porque pueden ayudarte a definir mejor el alcance, los riesgos, así como ayudarte o perjudicarte.

6_ Descripción del producto o servicio a desarrollar por el proyecto, y las entregas principales que se esperan. Esto es la definición del alcance del proyecto, tanto a nivel general como a nivel del producto y/o entregables.

7_ Definición de las restricciones del proyecto, incluyendo el cronograma preliminar y el presupuesto inicial.

8_ Requisitos de aprobación del proyecto. Este punto es muy importante, ya que define los criterios que se usarán para determinar si el proyecto ha entregado lo solicitado, no solo a nivel de alcance o producto, sino también a nivel de coste o plazo. ¿Qué desviación se permite antes de cancelar el proyecto? ¿Se permite algún atraso?

9_ Definición preliminar de riesgos.

Cómo puedes ver, el acta de constitución fija los puntos de partida para muchos de los aspectos que vas a tener que planificar y gestionar durante las siguientes fases; aunque lo hace de forma muy general y sin el detalle suficiente como para poder empezar la fase de ejecución.

Recurso:

Puedes descargar una plantilla de acta de constitución en la dirección de descarga que aparece en la primera página del libro.

Si ya has trabajado dentro de un proyecto posiblemente te preguntes: *¿Esto es realmente así? ¿Por qué nunca he visto un acta de constitución? ¿Esto es solo teoría?*

Por mi experiencia profesional es poco frecuente que la inicialización se desarrolle de forma visible y se acabe creando un acta de constitución como tal; de hecho, yo nunca la he recibido en ninguno de mis proyectos. Pero esto no significa que esta fase no exista, solo que muchas empresas no la consideran como parte del proyecto y acaba adoptando otras formas.

Fase de inicialización en proyectos internos

Los proyectos internos son aquellos que se realizan para la propia organización o empresa, después de ser analizados y aprobados por la dirección.

En ellos, la fase de inicialización es equivalente al análisis de viabilidad y aprobación del proyecto. Este análisis implica definir qué se quiere hacer (alcance), con qué objetivo (motivación o modelo de negocio), estimar la inversión necesaria (presupuesto), cuándo se quiere conseguir el resultado (plazo), y analizar la viabilidad económica en base a unas suposiciones o condiciones (potenciales riesgos si no se cumplen).

Lo que suele ocurrir en estos casos, es que una vez aprobado el proyecto y asignado su director/a, la información no se transmite en un único documento (acta de constitución), sino que se suele transmitir en reuniones o varios documentos.

Fase de inicialización en proyectos externos

Los proyectos externos son los que realizamos para otras empresas (lo que la mayoría entendemos por el cliente), las cuales normalmente nos contratan para hacer el proyecto.

¿Dónde está la fase de inicialización en este caso? Lo habitual es que cuando llega el pedido ya estemos atrasados y tengamos que empezar a ejecutar....Pues la fase de inicialización corresponde a la fase comercial previa al pedido.

Durante la negociación comercial suelen realizarse las siguientes actividades:

1_ Se ha contactado con el cliente para entender lo que necesita (su motivación para querer el proyecto)

2_ Se ha hecho una propuesta para cubrir con esta necesidad. La cual implica definir lo que se propone vender (alcance) y su precio (descontando el margen comercial: el presupuesto).

3_ Suelen discutirse los plazos de entrega.

4_ También las propuestas suelen incluir un plan de facturación, normalmente ligado a unos hitos o entregables que deben cumplir con ciertas condiciones para ser aceptados. Esto es equivalente a los requisitos de aprobación.

5_ Ya en función del proceso de ventas de cada empresa, se suele identificar a las personas más relevantes en el cliente (interesados) y los riesgos que puedan existir.

La fase comercial termina con la recepción del pedido del cliente, o con la pérdida o cancelación del proyecto. El pedido, junto con la confirmación del mismo por parte de nuestra empresa, constituye la autorización formal para empezar el proyecto. Y llegados a este punto es cuando se asigna formalmente el director/a del proyecto, si este no ha participado dando soporte durante la fase comercial.

Por lo tanto, en proyectos para terceros no esperes ver un acta de constitución como tal. En su lugar debes fijarte en los siguientes documentos:

1_ Solicitud de oferta del cliente (RFQ en inglés), descripción de contenidos en la propuesta presentada y lista de desviaciones. Estos documentos te indicarán el alcance y las posibles desviaciones acordadas entre la empresa y el cliente.

2_ El pedido y la propuesta te indicarán el plazo, entregables principales, criterio de aceptación acordado y el precio. En este punto debes solicitar el estudio hecho para calcular el precio de venta, ya que este te dirá los costes estimados, cómo se han distribuido, y el desglose del trabajo considerado.

Aunque cada empresa tiene sus procesos, es bastante frecuente que una vez la empresa recibe el pedido exista una reunión entre el vendedor y el director/a del proyecto para traspasar la información. Es en esta reunión donde deberás conseguir la información faltante, como principales interesados, riesgos detectados en la fase comercial, intereses del cliente, etc.

Consejo:

Si tienes la oportunidad de participar en los análisis previos o en las fases comerciales te recomiendo que lo hagas. En ellas se deciden y definen aspectos que condicionarán la planificación y ejecución del proyecto; y por lo tanto puedes buscar influir a tu favor.

Una vez se haya aprobado el proyecto, de forma más o menos cercana a la teoría, te hayan reconocido como su director/a, y tengas la información básica sobre este, llega el momento de ponerse a trabajar.

2.3. GESTIÓN DE INTERESADOS

Los interesados, o stakeholders en inglés, son todas aquellas personas y organizaciones que tienen algún tipo de relación, interés o se ven afectados por el proyecto; independientemente que trabajen o no en él. En base a esto se pueden definir diferentes tipos de interesados:

1_ Empresas y organizaciones. Un proyecto puede requerir certificados, aprobaciones, o permisos para ser ejecutado o poder usar sus entregables. Aquí estarían los ayuntamientos, organismos de regulación, empresas de seguros, cuerpo de bomberos, etc.

2_ Usuarios. Personas que van a usar el producto resultante del proyecto, y que mostrarán su satisfacción o insatisfacción con este.

3_ Afectados. Personas que sin estar directamente implicadas ni con el proyecto ni con el producto resultante están afectadas por su ejecución.

Ejemplo.

En este caso estarían los vecinos que viven en el lugar de construcción de una carretera, los cuales pueden estar expropiados o afectados por los trabajos de construcción.

4_ La propia organización que ejecuta el proyecto. Aquí no estarían únicamente los integrantes de equipo del proyecto, sino también sus supervisores, otros directores de proyectos, la dirección de la empresa, etc.

La importancia de gestionar correctamente a los interesados radica en los efectos que estos pueden tener sobre el proyecto, tanto positivos como negativos. Por ello es importante que identifiques los más importantes y los gestiones adecuadamente.

Ejemplos.

En un proyecto de implementación de una nueva herramienta es muy importante saber de antemano las necesidades y forma de trabajar de las personas que la usarán. Debes incluir estas necesidades en la definición del alcance, ya que determinarán la aceptación o no de la herramienta.

Cómo te he comentado anteriormente, en organizaciones matriciales o funcionales el peso de los responsables de los departamentos es muy alto, por lo tanto su posicionamiento a favor o en contra del proyecto será importante cuando deban destinar recursos.

Si un producto debe cumplir con alguna certificación, debes conocer los requisitos del organismo de la otorga. Estos requisitos deben incorporarse al alcance para evitar que el producto resultante del proyecto no los cumpla y no sea válido.

En la fase de planificación, la gestión de interesados se compone de dos partes: la identificación y la definición de estrategias. A continuación, te explico cómo llevarlas a cabo.

Identificación de los interesados

La identificación de los interesados empieza en la inicialización y se desarrolla en la planificación, y es fundamental para poder definir correctamente el alcance del proyecto y los requisitos a cumplir. Por este motivo he puesto este capítulo antes de los capítulos de planificación.

Identificar a un interesado consiste en definir la persona u organización, su posicionamiento respecto al proyecto (a favor, neutro o en contra), y su grado de influencia, es decir la capacidad que tiene para afectar al proyecto.

Para lo primero debes partir de la información transmitida durante la fase de inicialización, aunque esta suele ser muy básica e insuficiente. Para ampliarla puedes recurrir a diferentes fuentes: el histórico de proyectos, personas que hayan participado en proyectos similares, expertos dentro del equipo del proyecto o la empresa, consultores externos, otros interesados, etc.

Consejo.

No hay una forma determinada de identificar los interesados, ni una forma de tener certeza de que están todos; por ello cuantas más fuentes consultes y más personas participen en la identificación, mejores resultados conseguirás.

A través de las mismas fuentes puedes investigar sobre los otros dos puntos, y es bueno que lo hagas, pero lo más efectivo para saber el posicionamiento de un interesado es hablar con la persona directamente.

Ejemplos.

Si el ayuntamiento debe darte un permiso, lo mejor es visitarles al inicio del proyecto para preguntar lo que te van a solicitar. Si sabes que alguien está posicionado contra el proyecto, habla con él para conocer sus motivos.

Si eres exhaustivo te saldrán bastantes interesados, normalmente más de los que puedes gestionar, por lo que es recomendable que los documentes y clasifiques. Hacerlo te facilitará el trabajo y te permitirá optimizar el tiempo que dediques a este tema.

La documentación la puedes hacer usando el registro de interesados; un documento que resume toda la información generada y te permite mantenerla controlada.

Recurso.

Puedes descargar una plantilla para crear el registro de interesados en la dirección de descarga que aparece en la primera página del libro.

Para la clasificación puedes usar la matriz de interesados; la cual te explicaré cómo se usa más adelante.

Recurso.

Puedes descargar una plantilla para crear el matriz de interesados en la dirección de descarga que aparece en la primera página del libro.

Ambos documentos se hacen durante la fase de planificación, pero es conveniente que los revises de vez en cuando a lo largo del proyecto; ya que pueden aparecer nuevos interesados o cambiar sus características.

Estrategias de gestión de interesados

La base para definir las estrategias de gestión de interesados es la matriz de interesados, la cual los organiza en función de dos variables: el grado de influencia y el posicionamiento respecto al proyecto.

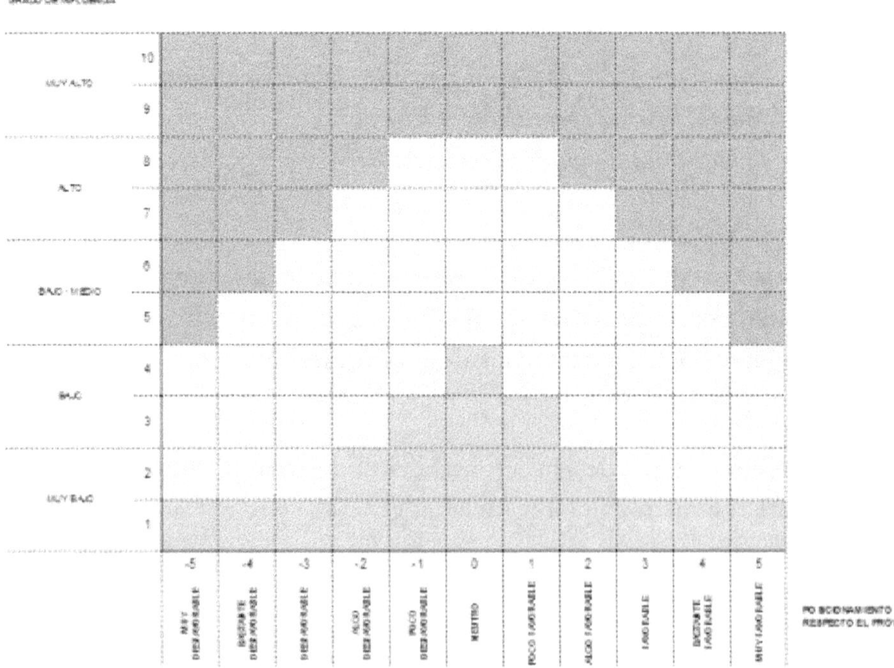

En esta matriz puedes identificar tres áreas:

1_ En el área roja encuentras los interesados más importantes, y por lo tanto aquellos que requieren más esfuerzos y una actuación más urgente.

2_ El área amarilla define los interesados con una importancia media, sobre los cuales debes actuar pero que no requieren una acción urgente

3_ En el área verde aparecen los interesados menos importantes y que no requieren ninguna acción.

Estas áreas te permiten identificar cuatro tipologías de interesado:

1_ Desfavorable al proyecto y con alta influencia. Suponen un riesgo alto de fracaso para el proyecto.

2_ Favorable al proyecto y con alta influencia. Pueden ayudarte a conseguir el éxito del proyecto.

3_ Desfavorable al proyecto y con baja influencia. Podrían ser un riesgo para el proyecto, pero debido a su poca influencia no son preocupantes.

4_ Favorable al proyecto y con baja influencia. Podrían ser de ayuda, aunque por su poca influencia su capacidad de ayudar es baja.

Con estos dos aspectos en la cabeza ya puedes decidir sobre qué interesados vas a actual y qué estrategia seguirás en cada caso; las cuales se resumen en modificar su posicionamiento respecto al proyecto o en modificar su grado de influencia.

1_ Para los interesados con alto grado de influencia y contrarios al proyecto, el objetivo será reducir su posición en contra. Para ello debes entender los motivos de su posicionamiento y definir acciones conjuntamente para mejorar esta situación.

Consejo.

También podrías pensar en reducir su grado de influencia, pero esto puede ser contraproducente. Si la persona ve que estas actuando de esta forma, puede sentirse atacada y posicionarse de forma aún más desfavorable, o convertir el tema en algo personal. No es una estrategia recomendable.

2_ Los interesados favorables al proyecto y con alta influencia son los que más te pueden ayudar. Por lo tanto, debes buscar su colaboración y ayuda, invitándoles a participar como expertos o consultores.

3_ Los desfavorables al proyecto y con baja influencia son los que menos acciones van a requerir; aunque de forma general deberías actuar como lo harías con los del primer grupo. Vigila que no incrementen su nivel de influencia.

4_ Por último tienes los interesados favorables, pero con baja influencia, los cuales pueden ser buenos aliados o colaboradores. En este caso tus acciones deben ir encaminadas a fomentar su participación en el proyecto e incrementar su capacidad de influir.

Obviamente debes combinar estas cuatro estrategias con la alta o baja prioridad en base a los colores de la matriz; ya que únicamente merece la pena actuar sobre aquellos que estén situados en las áreas roja y amarilla, siempre priorizando el área en rojo.

2.4. DEFINICIÓN DEL ALCANCE

¿Por qué la definición del alcance es uno de los primeros capítulos dentro de esta sección?

La razón es su importancia para garantizar el éxito del proyecto, ya que un motivo habitual de fracaso en proyectos es no entregar lo solicitado, y tener que gastar tiempo y recursos adicionales en modificaciones. O en proyectos complejos dejar partes sin hacer por no haber quedado claro quien tenía que hacerlas, lo que al final puede afectar al proyecto en su conjunto. Para evitar ambas cosas es importante que dispongas de una definición del alcance adecuada y aprobada, tanto del proyecto como del producto.

Tipos de alcance

En todo proyecto existen dos tipos de alcance: el alcance del proyecto y el alcance del producto.

1_ El alcance del proyecto lo forman las tareas que deben ser ejecutadas para entregar el producto o servicio resultante, incluyendo las necesarias para gestionar el propio proyecto.

2_ El alcance del producto se puede definir como las características que debe cumplir el producto resultante del proyecto; ya sea su diseño, su función o su composición. El punto clave es que el alcance del producto se refiere a las características de los entregables.

Ejemplo.

Siguiendo con el proyecto de desarrollo de un vehículo. El alcance del proyecto sería desarrollar un vehículo que pueda fabricarse en serie. Esto puede incluir toda la documentación de fabricación y compras necesaria, y los documentos de homologación conforme el vehículo diseñado cumple con las normativas. En ambos casos hablamos de alcance del proyecto.

En este mismo ejemplo tendríamos las características que debe cumplir el vehículo (que tenga determinadas prestaciones, 5 plazas, que sea rojo, etc), o las características de la documentación generada si esta se desarrolla para un cliente externo. Esto sería el alcance del producto. Es evidente que desde el punto de vista de la gestión de proyectos es indiferente que el coche sea rojo o verde, pero si el cliente lo quiere rojo y se lo entregamos verde, este no lo aceptará.

Proceso para definir el alcance

El alcance ya se empezó a definir en la fase de inicialización, de las formas que te indiqué en el capítulo anterior. Por lo tanto, este proceso de definición parte de la definición inicial y habitualmente se compone de cuatro pasos:

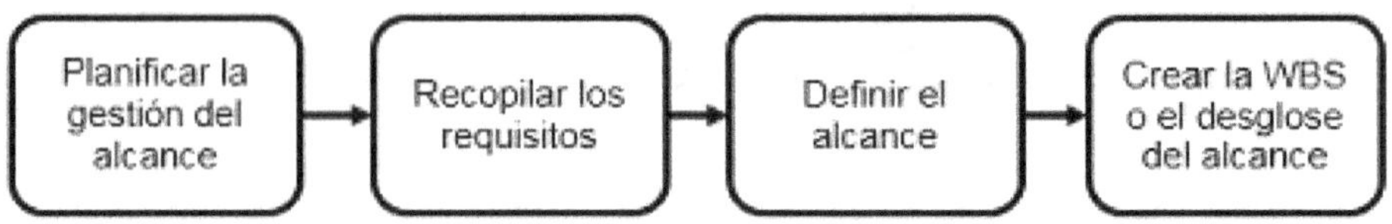

Consejo.

¿Recuerdas la planificación progresiva comentada en el capítulo de las fases del proyecto? Pues la definición del alcance es uno de los procesos que te permite aplicarla. Te explico esto en detalle más abajo.

<u>Planificar la gestión del alcance.</u>

Planificar la gestión del alcance significa definir los protocolos y herramientas que usarás durante el proyecto para definir, controlar y validar el alcance. Formalmente esta planificación se integra en el plan de dirección del proyecto, el cual incluye esta misma información para todos los conceptos que deben ser planificados.

Esto de planificar la gestión te puede parecer muy teórico y pocas veces lo vas a ver de forma explícita en tu trabajo; pero el concepto de planificar de antemano cómo se llevará a cabo la definición y control de algo es muy útil. Te permite comunicar al equipo lo qué se va a hacer, cómo se va a hacer, y te permite definir las tareas y recursos asociados al control y gestión de un determinado aspecto.

Ejemplo.

Si para controlar el avance del alcance quieres hacer reuniones de seguimiento semanales o mediciones en el local de construcción; esto son tareas que vas a tener que planificar en el cronograma, asignar personas para que las ejecuten, definir qué se va a medir y definir la herramienta de medición que se usará.

<u>Recopilar los requisitos.</u>

La recopilación de requisitos es el paso previo a la definición del alcance, ya que los requisitos acaban siendo parte de este. Si el alcance es lo que se tiene que hacer de forma general, los requisitos son los detalles que debemos considerar o incluir, o tareas adicionales que debemos realizar para poder completar el alcance general.

Hay varias formas de hacer la recopilación de requisitos, pero las más habituales son la ayuda de expertos, el análisis de proyectos anteriores y las reuniones con interesados.

Lo habitual para la mayoría de las empresas es hacer proyectos similares, por lo que los requisitos de un proyecto previo similar suelen ser válidos para el siguiente en gran medida, y los mejores expertos son los responsables de estos proyectos anteriores debido a su experiencia.

Ejemplo.

Si queremos hacer una vivienda debemos ver con el ayuntamiento si existe alguna normativa local que defina o limite la vivienda, y que permisos debemos solicitar. En este caso el ayuntamiento sería el experto al que consultamos. Si nuestra empresa ya ha realizado viviendas recientemente en la misma población, podemos conseguir esta información de los proyectos anteriores.

En proyectos para terceros el principal interesado es el cliente, por lo tanto, una buena forma de recopilar sus requisitos es repasar los documentos de venta con él.

Ejemplo.

Se ha vendido un proyecto de instalación de un equipo que debe conectarse mediante un cable eléctrico a un trasformador situado a 50 metros. Cuando visitas al cliente ves que este no tiene ninguna bandeja de cables o canaleta disponible para este cable. Esta bandeja o canaleta sería un requisito ¿cierto? Fíjate que no entramos en discutir si es parte del alcance o no....por ahora.

La forma habitual de documentar los requisitos es mediante la matriz de requisitos, donde se indica el requisito y quien lo solicita.

<u>Definir el alcance</u>

En este paso ya empiezas a definir el alcance de forma más detallada. Aquí el objetivo es clarificar lo que está incluido en el proyecto, las características del producto y entregables, y lo que no está incluido. No se trata de definir tareas o paquetes de trabajo en concreto.

Y ¿Por qué es importante que el alcance quede definido? Pues básicamente porque es la base para poder planificar el resto de áreas que componen la gestión de proyectos (recursos, plazos, costes, tareas, etc.), y va a ser el criterio que determine si el proyecto o una fase ligada a un entregable ha finalizado correctamente; frecuentemente uniéndolo a un hito de pago. No tener un alcance claro y acordado puede llevarte a no poder cerrar el proyecto, discusiones el cliente, a costes adicionales para modificar lo entregado, o a tener problemas para facturar.

Ejemplo.

Definición del alcance A: construir una carretera

Definición del alcance B: construir 12km de carretera de doble carril de la población A a la población B según el proyecto executivo adjunto, y con un plazo máximo de 12 meses, excluyendo la construcción del puente previsto en el Km 10.

¿Podrías calcular los costes del proyecto A? Según esta definición la carretera podría tener 2 o 20 carriles, tener 5 km de longitud o ir de Paris a Pequín, puede ser de tierra, asfalto, u oro... Creo que con este simple ejemplo queda clara la necesidad de definir bien el alcance.

Pero como ya te he comentado, la definición del alcance es algo que se puede hacer de forma progresiva. No hace falta el mismo nivel de detalle para estimar los costes que para empezar ejecutar una tarea; lo que te permite obviar algunos detalles en la definición inicial.

Lo habitual en el proyecto es que durante la fase de planificación se defina el alcance del proyecto en términos de responsabilidades o entregables, buscando dejar cerrado todo aquello que tenga un impacto relevante en costes o plazos. Cuando el impacto es bajo, y sobretodo los detalles relativos al producto, suelen definirse en paralelo a la ejecución.

Ejemplo.

Para poder planificar la construcción de la carretera puede ser importante saber que tiene 12km, 2 carriles, su recorrido, las restricciones que tendremos y los requisitos legales y administrativos a cumplir; pero aspectos como las líneas o señales a pintar en el suelo son más irrelevantes. Conocer dónde la línea es continúa o a trazos, dónde van las señales, o el valor de velocidad a mostrar solo serán importantes en el momento de ejecutar el trabajo de pintura.

Consejo.

Para saber si tienes el alcance bien definido debes hacerte la siguiente pregunta ¿Qué tenemos que hacer? Si eres capaz de responder sin ambigüedades para la fase o tarea del proyecto en la que estás, tienes el alcance bien definido. Es simple, pero funciona.

Vista la importancia de definir el alcance, la siguiente pregunta es ¿cómo se puede definir correctamente? Pues bien, en este libro te propongo algunas herramientas para facilitar esta tarea.

1_ Matriz de requisitos. Esta herramienta se usa principalmente para definir el alcance del producto, pero también puede usarse para documentar partes del alcance del proyecto. Difícilmente vas a ver que todo el alcance del proyecto se defina con este documento.

El mismo concepto de matriz de requisitos puede aplicarse a otros tipos documentos, como cuestionarios, formularios de especificaciones, etc.

2_ Descripción con texto. Como su nombre indica consiste en definir alcance del proyecto con palabras. Lo cual es lo más habitual en ofertas comerciales o en las RFQ (Request For Quotation) del cliente.

Cuando se describe el alcance mediante palabras es importante que la descripción sea lo más concisa y directa posible. Incluyendo tanto lo que forma parte del alcance como lo que está excluido.

Esta herramienta es muy habitual en la fase comercial o de análisis de proyectos, pero no tanto durante la planificación y ejecución. Una vez empieza el proyecto es mejor usar herramientas más visuales y fáciles de comunicar, manteniendo los textos como referencia.

3_ Lista de entregables. En esta lista se incluyen los entregables del proyecto, relacionándolos con el paquete de trabajo que debe créalos y su responsable. Adicionalmente puede usarse para conocer la última versión del entregable, lo cual te será muy útil para saber lo que se ha entregado.

Recurso.

Si quieres una lista de entregables, puedes descargarla en la dirección de descarga que aparece en la primera página del libro.

4_ Matriz de responsabilidad. Como su nombre indica es una matriz que muestra quién es responsable de cada parte del proyecto. Aunque en muchos manuales este documento se muestra como una forma de distribuir y definir responsabilidades entre los integrantes del equipo de proyecto, puede también usarse para definir los límites entre nuestro alcance y él otras partes implicadas, incluido el cliente.

La matriz de responsabilidad se conoce comúnmente como matriz RASCI o RACI, utilizando las siglas de los diferentes roles que se pueden asumir:

R (Responsable): Es la persona responsable de su ejecución, bien directamente o bien conjuntamente o supervisando un equipo.

A (Aprobador): Es la persona que aprueba el resultado de la tarea y da esta por concluida una vez considere que se han conseguido los objetivos.

S (Soporte): Es la persona que da soporte en la ejecución de la tarea aunque no es responsable de ella. En la matriz RACI esta figura se omite.

C (Consultor): Es la persona que ayuda en la ejecución de la tarea dando simplemente consultoría, pero sin participar en la ejecución.

I (Informado): Indica la persona que debe estar informada de los avances y ejecución de la tarea, sin que participe en ella.

Una vez definidos los diferentes roles, confeccionar la matriz de responsabilidades consiste en listar las diferentes partes que participan en el proyecto e indicar el rol que asume cada una de ellas.

Recurso:

Puedes descargar una plantilla de matriz RACI en la dirección de descarga que aparece en la primera página del libro.

5_ Table Top Drawing. La Table Top Drawing es una forma visual de definir el alcance del proyecto mediante un gráfico que representa esquemáticamente el proyecto. Cada parte del proyecto aparece en un color diferente en función de quien sea el responsable.

Igual que la matriz de responsabilidad, es una herramienta que tanto puede usarse para definir el límite del alcance en la fase de inicialización como para definir responsabilidades dentro del equipo del proyecto.

La ventaja de la Table Top Drawing es que, al tratarse de un documento visual, facilita ver el proyecto en su conjunto y permite detectar puntos de interacción entre los diferentes integrantes del proyecto; que serán aquellos donde potencialmente pueden surgir más problemas.

Recurso:

Puedes descargar una plantilla de table top drawing en la dirección de descarga que aparece en la primera página del libro.

Las herramientas que te han propuesto no son las únicas que existen, ni tampoco excluyentes entre sí, lo que implica que puedes usarlas simultáneamente con el objetivo de clarificar mejor el alcance. Si decides usar diferentes herramientas asegúrate de que estas sean coherentes entre sí. Obvio, pero a todos nos ha pasado.

Consejo.

Cuando definas el alcance del proyecto, vigila bien con los puntos de interacción entre las diferentes partes y participantes, ya que suelen ser los que quedan sin definir y luego generan discusiones.

En proyectos para terceros es en este punto donde detectarás las desviaciones principales entre lo que se ha vendido y lo que espera el cliente, así como los puntos que no están suficientemente definidos.

Si te ocurre, bienvenido al grupo. En este caso lo primero es detectar y documentar estas discrepancias, evaluar su impacto en el proyecto, y a partir de aquí discutirlas con dirección y comercial para definir cómo tratarlas. Cómo director/a de proyectos te tiene que importar que la definición está clara y sea coherente con las restricciones que tenga el proyecto.

Ejemplo.

Volvamos al ejemplo de la instalación de la maquina con su cable de 50 metros. En la recopilación de requisitos hemos visto que necesitamos una bandeja para el cable, pero la oferta no la incluye y el cliente entiende que la bandeja forma parte de la instalación. Calculas que la bandeja te va a costar 500€, ¿Qué puedes hacer?

1_ Asumirlo y empezar el proyecto con una pérdida de 500€. Poco recomendable.

2_ Discutir el tema junto con el cliente y el comercial para incluir la bandeja como una desviación que genere una ampliación del pedido, o acordar que la entrega el cliente. Mejor.

3_ Conseguir la aprobación de la dirección para incluirla en el alcance, lo que supone que el margen comercial se reduce en 500€ que incrementan tu presupuesto. Para ti ahora ya no es un problema.

Recurso:

Puedes descargar una plantilla de lista de desviaciones en la dirección de descarga que aparece en la primera página del libro.

Crear la WBS o el desglose del alcance

La Work Breakdown Structure (WBS) es una forma de descomponer el alcance del proyecto en los diferentes paquetes de trabajo que lo componen y permiten llegar a él, incluyendo aquellos relativos a la propia gestión del proyecto.

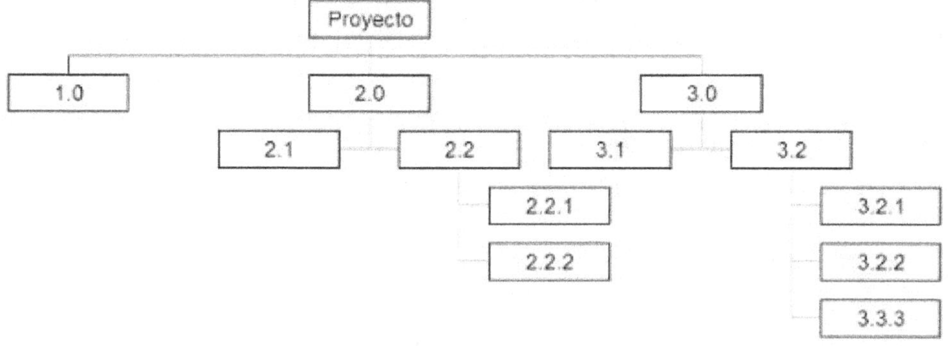

Fíjate que digo paquetes de trabajo y no tareas. La WBS está orientada a entregables y por ello se crea con paquetes de trabajo. La definición de las tareas vendrá más adelante, pero para definir el alcance no hace falta ir a tanto detalle.

Se puede definir un paquete de trabajo como un conjunto de tareas relacionadas, realizadas por un mismo recurso, y que no dependen de otros paquetes de trabajo o tareas. Dicho de otro modo, se trata de conjuntos de tareas que pueden ser tratados como "cajas negras" o subcontratados en su conjunto.

> **Ejemplo.**
>
> *El alcance de nuestro proyecto puede ser fabricar un coche, lo que incluye un paquete de trabajo que es montar una rueda, el cual se repite cuatro veces a lo largo del proyecto. A nivel de alcance ya queda claro que tenemos que montar la rueda y hacerlo sería un punto de la WBS.*
>
> *Pero para montar una rueda el operario deberá realizar varias tareas: agarrar una llanta y un neumático, engrasar el neumático, instalar en neumático en la llanta, balancear el conjunto llanta-neumático, agarrar los tornillos, fijar la rueda al coche, y comprobar el par de apriete de los tornillos. En este punto no necesitamos aun llegar a este nivel de detalle.*

Tal vez la WBS te pueda parecer redundante respecto a las herramientas indicadas en el punto anterior, pero no es así.

Estas herramientas tienen como objetivo definir el alcance del proyecto de forma general. En ellas decimos al cliente, al equipo, a la dirección, otras empresas, etc. que es lo que nosotros vamos a hacer y lo que no vamos a hacer.

En la WBS estás subdividiendo el alcance en paquetes más pequeños que te servirán para planificar y controlar el proyecto. Sus principales funciones son:

1_ Relaciona los entregables con los paquetes de trabajo necesarios, por lo que es la base para planificar el proyecto. Mediante los paquetes de trabajo te será más fácil estimar plazos y costes individuales, los recursos necesarios (internos y a adquirir), los riesgos, etc.

2_ Te permite crear el diccionario de la WBS; un documento que define cada paquete de trabajo, su coste, criterios de aceptación, horas o plazo de ejecución, etc.. Lo cual te será muy útil para hacer las hojas de trabajo y para gestionar mejor el equipo del proyecto.

Recursos:

Puedes descargar una plantilla de diccionario de la WBS en la dirección de descarga que aparece en la primera página del libro.

Puedes saber más sobre cómo hacer y usar las hojas de trabajo en la dirección de descarga que aparece en la primera página del libro.

En la teoría de gestión de proyectos la WBS debe ser aceptada y aprobada por el cliente o el sponsor del proyecto; ya que esta pasa a ser la línea base del alcance y se usará para controlar su avance. En muchos casos esto no suele ser así, ya que es más habitual que la aprobación del alcance se haga mediante los documentos comerciales y sus desviaciones, y las herramientas del capítulo anterior. Dejando la WBS para un uso más interno de gestión del proyecto.

Si alguna vez tienes que crear una WBS de cero, los pasos principales que debes seguir son:

Definir los entregables partiendo del alcance y los requisitos. Estos entregables deben considerar el producto resultante del proyecto o fase, la normativa interna de la organización y legislación aplicable, y los necesarios para gestionar el proyecto.

Ejemplos.

Un entregable debido a la legislación sería el proyecto eléctrico para legalizar una instalación.

Recurso.

Si quieres una lista de entregables haz click en la dirección de descarga que aparece en la primera página del libro.

Una vez determinados los entregables, estos se subdividen en paquetes de trabajo, lo cual puede hacerse de dos maneras:

1_ Estrategia "arriba hacia abajo": partiendo de cada entregable, este se subdivide en entregables de menor tamaño hasta llegar a los paquetes de trabajo individuales.

2_ Estrategia "abajo hacia arriba": conociendo el conjunto de paquetes de trabajo individuales a realizar, estos se van juntando en grupos, en base a los entregables resultantes.

Pero tranquilo, normalmente vas a crear la WBS de tu proyecto ajustando una WBS existente de un proyecto similar, o detallando/ajustando el desglose de costes que se ha entregado al cliente durante la negociación comercial. En ambos casos lo mejor es buscar soporte en expertos o el equipo del proyecto; ya que son las personas que ejecutan el trabajo los que mejor conocen cómo se va a descomponer este.

Nuevamente la creación de la WBS es un proceso que permite ser ejecutado de forma progresiva, incrementando su nivel de detalle a medida que avanza el proyecto.

Ejemplos.

Si estás creando la WBS para un proyecto residencial que incluye el pre proyecto, el proyecto constructivo, la selección de proveedores, la construcción y la venta de los apartamentos, en la fase de planificación

Los siguientes ocho capítulos corresponden a la fase de planificación; la cual tiene como objetivo definir la forma en que se va a ejecutar y controlar el proyecto, de forma realista, y de acuerdo a los recursos disponibles y a las restricciones.

Aunque los capítulos se presentan en orden, en la realidad se ejecutan en paralelo debido a que existe una gran interrelación entre ellos. Por ello es habitual que tengas que ir iterando hasta conseguir la planificación final del proyecto.

Las técnicas de planificación que se presentan en estos capítulos se basan en CPM-PERT, por ser la forma más habitual de planificar proyectos. CPM-PERT considera que las tareas tienen una duración fija, sujeta a un determinado grado de fiabilidad, y que los recursos pueden estar dedicados simultáneamente a diferentes proyectos.

Recurso:

Otra forma habitual de planificar proyectos es usando cadena crítica. Puedes saber más sobre cadena crítica en https://www.recursosenprojectmanagement.com/critical-chain/

El punto de partida común para todos ellos es el alcance definido en el punto anterior, y la información de plazos, costes y recursos generada en la fase de inicialización.

2.5. CREAR LA LISTA Y EL DIAGRAMA DE TAREAS

Para empezar a planificar un proyecto te recomiendo que lo hagas definiendo las tareas, ya que el resto de los puntos son características de estas; tales como los recursos que te harán falta para ejecutarlas, su plazo de ejecución, su coste, etc. Por lo tanto, vamos a empezar por el principio. ¿Cómo se definen las tareas?

El punto de partida para definir las tareas son los paquetes de trabajo definidos en la WBS. La diferencia entre la WBS y la lista de tareas es que la primera muestra la descomposición del alcance (él QUÉ), y la segunda las tareas necesarias para completar este alcance (él CÓMO). Aunque ambas están estrechamente relacionadas, puede haber diferentes formas de llegar a un mismo objetivo, así mientras el alcance es fijo y un compromiso del proyecto, las tareas no lo son. Esto te da un grado de libertad a la hora de planificar el proyecto y conseguir unir lo que se debe hacer con las restricciones que tienes (plazo, recursos, coste, etc)

De forma general existen tres estrategias que puedes usar para definir las tareas:

1_ Definirlas a partir de proyectos similares. Esta es la forma más simple y habitual; ya que es normal que dentro de una misma empresa los paquetes de trabajo se repitan entre diferentes proyectos y también sus tareas.

2_ Definirlas junto con en el equipo. Cómo ocurría con los elementos de la WBS, las personas que mejor pueden definir las tareas a realizar son aquellas que habitualmente ejecutan el trabajo. A parte, el hecho de que habitualmente realicen este trabajo facilitará que puedas encontrar ejemplos similares en los que basarte.

3_ Recurrir a expertos. Cuando el paquete de trabajo sea una novedad necesitarás recurrir a personas con un nivel de conocimiento del tema elevado, ya que estos deberán prever las tareas necesarias. Una forma de reducir los problemas inherentes a esta técnica es usar un grupo de expertos en lugar de una única persona. En este caso se puede coger el valor medio del grupo, o usar técnicas de trabajo en grupo como la técnica Delphi

Recurso. *Si quieres saber más de la técnica Delphi visita https://es.wikipedia.org/wiki/M%C3%A9todo_Delphi*

Aunque te bases en terceros para definir las tareas, debes mantener una visión crítica sobre los resultados. Así aseguras que lo que te dan se corresponde a lo solicitado, puedes influenciar en la forma en que se ejecutará, y entenderás mejor el trabajo a realizar.

Una vez definidas las tareas a partir de las técnicas anteriores, estas deben ordenarse en función de las relaciones de precedencia y antecedencia oportunas, las cuales pueden ser de carácter obligatorio o no. De esta forma las tareas pueden ordenarse según cuatro tipos de relaciones:

1_ Fin – Comienzo: la segunda tarea no puede empezar hasta que acaba la primera. Es la relación más habitual.

2_ Comienzo – Comienzo: la segunda tarea empieza al mismo tiempo, o con un cierto desfase, que la primera.

3_ Comienzo – Fin: la primera tarea comienza al mismo tiempo, o con un cierto desfase, respecto al final de la segunda.

4_ Fin – Fin: la segunda tarea finaliza al mismo tiempo, o con un cierto desfase, que la primera

Con esto obtienes el diagrama de tareas, el cual muestra las tareas y su orden de ejecución. Atención, esto aún no es el cronograma del proyecto, sino un primer paso para crearlo.

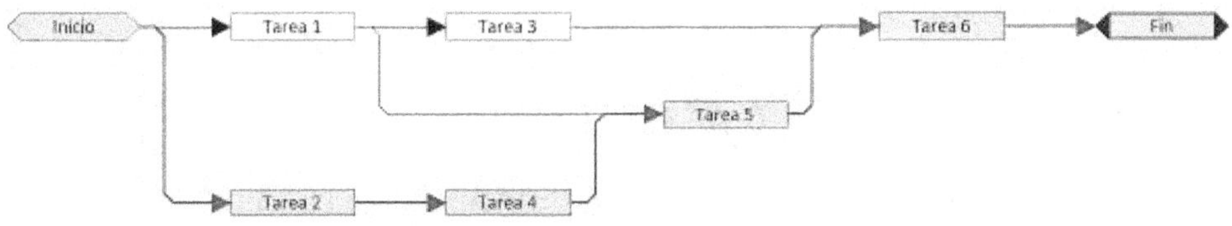

Durante la definición de las tareas hay un par de aspectos que debes considerar:

¿Hace falta definir todas las tareas?

La teoría te dirá que sí, pero en la realidad solo tiene sentido definir las tareas si tienes la necesidad o la capacidad de seguir y controlar su ejecución en detalle. Cuando no sea así, el esfuerzo que dediques a conseguir este mayor detalle no se verá recompensado.

> **Ejemplo:**
>
> *Imagina que uno de los paquetes de trabajo de tu proyecto es fabricar un determinado equipo; lo cual vas a subcontratar a un proveedor especialista. Este proveedor recibirá las especificaciones del equipo que necesitas y fabricará el equipo para una determinada fecha de entrega. En este caso, ¿realmente necesitas saber todas las tareas que el proveedor va a ejecutar para entregarte el equipo? ¿Vas a tener suficiente visibilidad dentro del proveedor para seguir cada tarea de forma individual? Seguramente no.*

Pero ¿Qué ocurre cuando el trabajo de un proveedor es crítico para las fechas del proyecto? Mi recomendación en este caso es que solicites al proveedor su cronograma detallado, y en base a este, plantees hitos o visitas de seguimiento intermedias. De nuevo es el especialista quien define las tareas.

Otro caso donde merece tener una visión más detallada de las tareas a ejecutar es en los trabajos a ejecutar internamente. Aunque existan equipos o departamentos que se encarguen de un paquete de trabajo de forma independiente, conocer en detalle lo que van a ejecutar te facilitará hacer su seguimiento, definir hitos y prever posibles desviaciones. También mejorará tu capacidad de liderazgo al tener una mejor visión e información sobre el trabajo que se está ejecutando.

Otro aspecto que considerar es el nivel de detalle de las tareas. ¿Tiene sentido que un proyecto de 2 años se planifique en segundos? ¿Y que uno de 5 días se planifique en semanas? Claramente no. ¿Pero cuál es la unidad de tiempo adecuada a considerar en el cronograma? En algunos textos se recomienda que la unidad de tiempo del cronograma sea del orden del 2-3% de la duración total, y esta misma unidad debería ser aplicable a las tareas.

2.6. DEFINIR LOS RECURSOS

Una vez sabes lo que tienes que hacer, llega el momento de definir quién lo va a hacer y qué necesitas para hacerlo; ya que cuando hablamos de recursos en el ámbito de los proyectos, tanto nos referimos a las personas, a los proveedores, o a los equipos y materiales que vas a necesitar.

De forma general podemos decir que la definición de los recursos incluye tres puntos:

1_ Definición de los recursos. (¿Qué o quién necesitas?)

2_ Definición de la estrategia de recursos. (¿Cómo obtienes el recurso?)

3_ Planificación y nivelación de los recursos. (¿Cuándo lo necesitas?)

En este capítulo te voy a explicar los dos primeros puntos, dejando el tercero para el capítulo de creación del cronograma.

Definición de los recursos.

Definir de los recursos significa determinar las características de cada recurso necesario para ejecutar el proyecto; y en el caso de tratarse de personas de nuestra organización, identificar estas.

Esta definición suele hacerse a nivel de paquetes de trabajo, ya que estos son ejecutados por un mismo recurso o proveedor. De esta forma diremos que para un determinado paquete de trabajo hará falta una persona o grupo de personas en particular, una empresa con determinadas características, un determinado equipo, o la compra de cierto material.

Los resultados de esta definición los puedes ir incluyendo en el diccionario de la WBS, de tal forma que tendrás una definición completa para cada elemento con lo que se tiene que hacer y lo qué hace falta para hacerlo.

Recurso:

Puedes descargar una plantilla del diccionario de la WBS en la dirección de descarga que aparece en la primera página del libro.

Definición de la estrategia de recursos.

La estrategia de recursos define cómo vas a conseguir los recursos necesarios para el proyecto, lo que puede implicar diferentes acciones:

1_ El uso de recursos internos. En este caso será importante que acuerdes con el responsable de los recursos su asignación al proyecto, la cual puede ser exclusiva o parcial. Cuando hablamos de recursos humanos en organizaciones matriciales o funcionales, es importante definir también los canales y necesidades de coordinación entre el director/a del proyecto y el responsable de los recursos.

2_ La adquisición de recursos externos. En algunos casos vas a encontrarte que no existen en tu empresa los recursos necesarios para ejecutar un determinado paquete de trabajo, lo que implicará que deberás buscarlos fuera, dando como resultado el plan de compras del proyecto. En este punto es importante comentar que cuando hablamos de compras, no únicamente nos referimos a la compra de materiales o equipos, sino también a posibles autónomos o personal subcontratado que pueda reforzar los equipos internos.

3_ Acciones de formación. Una tercera situación es que dispongas de los recursos adecuados dentro de la empresa, pero a estos les falte algún conocimiento específico; lo cual implicará tener que realizar una formación. En este caso es importante que definas la necesidad de formación, su coste, y la incluyas en el proyecto como una tarea más, ya que esta afectará a los costes y cronograma.

La estrategia de recursos da como resultado la definición del origen de los recursos que necesitaras y/o las acciones para desarrollarlos. Como resultado vas a generar los siguientes documentos:

1_ El plan de recursos humanos y el organigrama. Estos documentos definen quien participa en el proyecto, su rol y responsabilidades, y las relaciones jerárquicas.

Recurso:

Puedes descargar una plantilla de plan de recursos humanos en la dirección de descarga que aparece en la primera página del libro.

2_ Plan de compras, el cual define lo qué debes comprar y te servirá de base para desarrollar las compras del proyecto.

Recurso:

Puedes descargar una plantilla de plan de compras en la dirección de descarga que aparece en la primera página del libro.

3_ El plan de formación, que define las acciones formativas necesarias para que los recursos internos cumplan con las necesidades del proyecto.

Recurso:

Puedes descargar una plantilla de plan de formación en la dirección de descarga que aparece en la primera página del libro.

2.7. ESTIMACIÓN DE TIEMPOS Y COSTES

Llegados a este punto ya conoces las tareas que debes ejecutar y con qué recursos las vas a ejecutar; por lo que estás en situación de avanzar un paso más en la planificación del proyecto y definir su tiempo de ejecución y su coste.

Fíjate que me refiero a tiempo de ejecución y no a plazo o duración, ya que no es lo mismo. El tiempo de ejecución es lo que se tarda en ejecutar un determinado trabajo considerando que tenemos los recursos totalmente disponibles, y el plazo o duración es lo que se tarda considerando su disponibilidad real.

Ejemplo:

Si para pintar una pared un pintor tarda 16 horas y su jornada de trabajo es de 8h diarias, el plazo o duración de pintar la pared será de 2 días. Si solo puede dedicar media jornada a pintar la pared, el mismo trabajo le llevará 4 días. Y dos pintores acabarían en trabajo en 1 día. Pero siempre se usan 16 horas.

En este capítulo te mostraré algunas de las técnicas más habituales para realizar estimaciones de tiempos y costes, y trataré ambos temas conjuntamente porque estas son aplicables en ambos casos.

Cuando estimamos estamos indicando el valor medio o más probable, el cual no siempre se va a cumplir, ya que cualquier estimación tiene una variabilidad. En la práctica el valor final de tiempo o coste va a depender de aspectos como la motivación, el cansancio, el precio de las materias primas, la época del año, etc.

Por lo tanto, una estimación va a estar formada por un valor medio y una variabilidad. El valor medio lo usarás para crear el presupuesto y el cronograma, y la variabilidad para definir el margen que incluirás en estos. El cálculo del margen lo trato en más detalle en un capítulo posterior.

En este punto es importante que separes la variabilidad de los riesgos; ya que estos se definen y gestionan de forma independiente. Por lo tanto, uno de tus objetivos cuando estimes debe ser no incluir los riesgos como parte de la estimación. Si no lo haces, los riesgos estarán ocultos y no será posible gestionarlos. Más delante te explicaré más sobre los riesgos.

Y ahora vamos a la pregunta que seguro que te estás haciendo "¿cómo estimo el tiempo de ejecución y el coste de cada tarea?". Pues puedes hacerlo usando las técnicas descritas a continuación, ayudándote por especialistas o personas que habitualmente realicen tareas similares. En este proceso tu función será asegurar una definición clara de la tarea y evitar que se hagan suposiciones infundadas.

<u>Estimación por analogía</u>

Esta técnica consiste hacer la estimación en base a datos históricos de proyectos anteriores. Para ello es necesario disponer de una buena definición de la tarea para asegurar que estamos comparando tareas similares, y una buena base de datos de proyectos. Cuando mayor sea la base de datos, mejores van a ser las estimaciones

Esta técnica se basa en fórmulas estadísticas, asumiendo una distribución normal para los datos históricos. De esta forma:

$$\text{Valor medio} = \mu = \frac{\sum_{i=1}^{N} xi}{N}$$

$$\text{Variabilidad} = \sqrt{\frac{\sum_{i=1}^{N} (xi - \mu)^{\wedge}2}{N}}$$

Con Xi cada dato que tengas y N el total de datos que tengas.

En algunos casos verás que el conjunto de datos no parece seguir una distribución normal, sino que la dispersión es mayor en los valores altos que en los bajos (distribución lognormal).

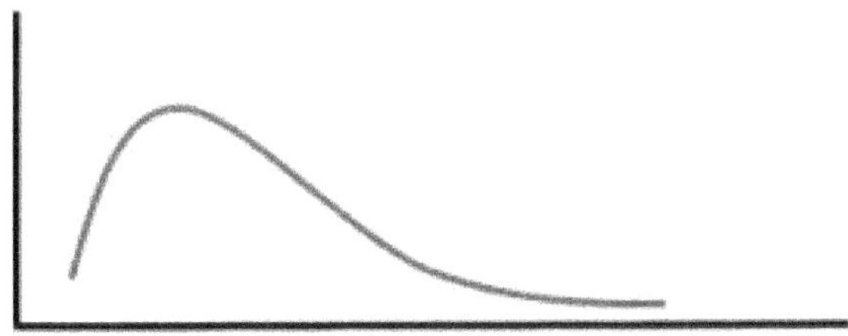

Cuando esto te ocurra revisa los datos en busca de:

1_ Riesgos ocultos en los valores históricos. En general los riesgos afectan incrementando los tiempos y los costes; por lo que es posible que los valores más altos estén afectados por algún riesgo. Por ello debes analizar estos valores más altos para ver si están afectado por un riesgo y determinar su efecto. Este riesgo pasará a estar considerado dentro del plan de gestión de riesgos de tu proyecto.

2_ Diferencias en las tareas. Obviamente esta técnica es aplicable en tareas similares, por lo que pueden existir valores muy dispares si estas no lo son. En este caso puedes usar la estimación paramétrica o descartar aquellas que sean muy diferentes.

<u>Estimación paramétrica</u>

Es una técnica similar en concepto a la anterior, pero en este caso no usarás tareas iguales, sino tareas que guarden una relación de proporcionalidad.

Ejemplo:

Si para hacer tres mesas tardas seis días, para hacer una mesa tardarás dos días.

La ventaja de esta técnica es que te permite aplicar las formulas estadísticas de la técnica anterior sobre una cantidad de datos mayor, los cuales deben relacionarse en base a un parámetro. Primero calcularás el valor medio y la variabilidad en los diferentes niveles del parámetro, para después hacer una regresión y calcular los valores en el punto deseado.

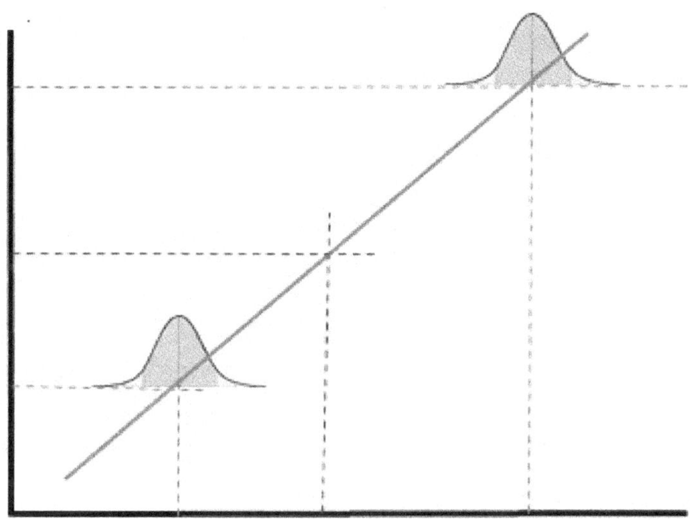

Es importante que intentes usar esta técnica interpolando entre los valores históricos, ya que cuando extrapolas el error que cometes es mayor; pero si no tienes otros datos también puedes extrapolar.

<u>Estimación por juicio de expertos</u>

Esta es la técnica menos recomendable, pero la más usada debido a la habitual falta de datos históricos. Como su nombre indica, esta técnica consiste en que una persona que conozca y tenga experiencia en la tarea estime su tiempo de ejecución y coste medios, esperando que la experiencia y conocimiento del experto sustituya la falta de datos.

Si aplicas esta técnica debes considerar que la aceptación de la estimación va a depender de la reputación del experto, lo que puede debilitarte cuando tengas que defender el cronograma o el presupuesto final.

Una forma de reducir los problemas inherentes a esta técnica es usar un grupo de expertos en lugar de una única persona. En este caso se puede usar el valor medio del grupo o técnicas de trabajo en grupo como la técnica Delphi.

<u>Estimación por tres puntos</u>

Esta técnica une la técnica del juicio de expertos con el cálculo estadístico, de tal forma que a través de la experiencia y conocimientos de los expertos podemos determinar el valor medio y la variabilidad.

Para ello se solicita a los expertos que estimen tres valores para cada tarea:

1_ Valor medio (M). Es el tiempo o coste que estiman como más probables para la tarea.

2_ Valor optimista (O). Es el tiempo o coste que estiman considerando que todo vaya bien.

3_ Valor pesimista (P). Es el tiempo o coste que estiman considerando que haya problemas. Entendiendo como problemas aquellas cosas que razonablemente pueden ir mal y afectar a la tarea.

A partir de estos valores puedes calcular el valor medio y la variabilidad con las siguientes formulas:

$$\text{Valor medio} = \frac{P+4M+O}{6}$$

$$\text{Variabilidad} = \sqrt{\frac{P-O}{6}}$$

El problema principal de esta técnica es que las estimaciones llevan implícitas los riesgos, ya que cuando hablamos del valor optimista y pesimista, estamos hablando del valor medio afectado por los riesgos. Por lo tanto, deberías mirar de entender los motivos que llevan a los expertos a estimar estos valores, y cuando sea posible, identificar el riesgo en concreto y su efecto sobre la estimación. De esta forma lo podrás eliminar de la estimación y tratarlo dentro de la gestión de riesgos.

Si miras para atrás verás que llevas un gran avance en la planificación del proyecto; ya tienes la lista de tareas, las relaciones entre ellas, los recursos que te harán falta, su tiempo de ejecución y su coste. Con ello ya podrías crear un cronograma del proyecto aceptable; aunque para ser perfecto le faltarían los márgenes y considerar la disponibilidad de los recursos. ¡¡Vamos a ello!!

2.8. IDENTIFICACIÓN Y CUANTIFICACIÓN DE RIESGOS

¿Qué es un riesgo? Un riesgo es una situación conocida y concreta, que puede ocurrir o no, y que de ocurrir afectará a una determinada tarea o paquete de trabajo, y por lo tanto a la capacidad del proyecto de cumplir con sus objetivos (si el efecto es negativo será un riesgo y si es positivo una oportunidad).

Ejemplos:

Es posible que en marzo se apruebe un nuevo proyecto que requerirá que Juan, al cual no podemos sustituir, trabaje simultáneamente en dos proyectos. Por ello su disponibilidad será del 50% y la duración de sus tareas se doblará.

Si conseguimos adelantar la compra de los ordenadores a febrero, podremos hacer el pedido junto a los ordenadores para el proyecto Z, y conseguir un descuento adicional por volumen del 2%. (Esto es una oportunidad)

Identificar un riesgo implica definir tres aspectos: la tarea o paquete de trabajo afectado, su impacto sobre el proyecto y la probabilidad de que ocurra.

El impacto del riesgo es el efecto económico y/o temporal que este producirá en el proyecto en el caso de ocurrir. En los ejemplos anteriores esto sería un atraso en las tareas que hace Juan o un ahorro del 2% en la compra de los ordenadores.

Ejemplos:

Previsión del 30% de lluvias durante los 15 días laborables previstos para una tarea en exterior que no se puede hacer cuando llueve porque el material se estropea con el agua. Por cada día adicional tienes un coste adicional de 1500€.

Por lo tanto, tienes un 30% de posibilidades de atrasar el proyecto con un impacto de 4,5 días de atraso y un sobrecoste de 6750€.

Técnicas de identificación de riesgos

Ahora que sabes lo que son los riesgos y cómo debes identificarlos, llega el momento de hacerlo en tu proyecto. Para ello puedes usar las técnicas o fuentes de información que te presento a continuación:

<u>Utilizar una estructura de riesgos</u>

Una estructura de riesgos es un esquema que muestra las diferentes tipologías de riesgos que pueden afectar a un proyecto. De esta forma se facilita la identificación de los riesgos al disponer de una referencia que te permite evaluar los diferentes aspectos uno por uno.

> ***Recurso:*** *Puedes saber más sobre la estructura de riesgos en https://www.recursosenprojectmanagement.com/estructura-de-riesgos-del-proyecto/*

<u>Basarte en proyectos anteriores</u>

Cómo en otros aspectos de la gestión de proyectos, los datos históricos serán tu mejor aliado. En este caso debes basarte en proyectos similares al tuyo o que contengan paquetes de trabajo similares a los de tú proyecto. En ellos buscarás la siguiente información: la lista de los riesgos que se identificaron en estos proyectos y los motivos de las desviaciones durante la ejecución; ambos aspectos pueden revelar riesgos potenciales para tu proyecto y puedes ver cómo se trataron.

<u>Revisión de documentación existente</u>

A estas alturas ya llevas generada bastante información relacionada con tu proyecto; la cual has creado usando diferentes técnicas, informaciones de partida o suposiciones.

Una forma de descubrir riesgos potenciales es siendo crítico con esta información, analizar hasta qué punto es consistente, y sobre que suposiciones se ha creado. Aquellas indefiniciones o suposiciones que encuentres pueden ser posibles riesgos.

Ejemplos:

La primera definición del alcance se hace en el contrato en el caso de proyectos para terceros. Si existen indefiniciones que no hemos podido clarificar, estas constituyen posibles riesgos de que los entregables no se acepten y tengamos que retrabajarlos.

En el diagrama de tareas has definido las relaciones entre ellas, lo que te indica el efecto de unas sobre las otras y te permite identificar riesgos en el caso de que alguna no se complete a tiempo.

Para estimar el tiempo de ejecución y los costes puedes haber hecho suposiciones. Por ejemplo, has estimado un determinado tiempo y coste para instalar un tejado asumiendo que la estructura que lo soporta está bien; pero ¿y si no lo está?

<u>Recabar información de expertos o grupos de trabajo</u>

Igualmente, las personas más experimentadas de tu empresa o el propio equipo de trabajo pueden ser una importante fuente de información para identificar los riesgos. Para facilitar esta identificación puedes usar las siguientes técnicas:

1_ Brainstorming: consiste en dejar que miembros del equipo de proyectos o expertos externos al proyecto generen una lista de posibles riesgos bajo la supervisión del moderador de la reunión.

2_ Método Delphi: es un método para conseguir el consenso de diferentes expertos en lo referente a los riesgos. Para ello el moderador recoge la información de los diferentes expertos (con una plantilla o cuestionario), y después de ordenarla la distribuye de forma anónima a todo el grupo. Este proceso se repite hasta generar un consenso entre los diferentes expertos.

3_ DAFO: este método consiste en identificar las Debilidades, Amenazas, Fortalezas, y Oportunidades existentes en nuestro proyecto, y en la organización que lo desarrolla. A partir de ellas será posible identificar los riesgos, y oportunidades potenciales que pueden afectar a nuestro proyecto.

A parte de estas técnicas más formales, no debes olvidar que la herramienta más potente para tratar con personas es simplemente hablar, por lo tanto dentro de este grupo no pueden faltar:

Entrevistas: reúnete con los interesados, usuarios, o con diferentes personas con experiencia y conocimientos relevantes para el proyecto para recabar información sobre los riesgos potenciales que prevén

Juicio de expertos: lo más habitual es que en tu empresa existan directores/as de proyectos con más experiencia o que hayan dirigido proyectos similares. En este caso, hablar con ellos y aprovechar su experiencia te puede ser de gran ayuda para identificar riesgos.

<u>Métodos de gestión de calidad</u>

Son técnicas importadas de la gestión de la calidad, pero que aplicadas a la gestión de proyectos permiten identificar posibles fallos y sus causas, las cuales son riesgos que considerar en el proyecto.

1_ Análisis de la causa de fallo (Root cause analysis): con esta técnica es posible identificar las causas de los potenciales problemas que pueden ocurrir, y consecuentemente definir acciones preventivas.

2_ AMFE: en proyectos relacionados con el desarrollo de un nuevo producto, una parte de los riesgos puede venir de las características del propio producto, y su capacidad para cumplir con los objetivos, normativa, etc. Esta técnica nos permite identificar estos potenciales riesgos, y definir acciones correctivas para evitar que estos afecten al entregable final.

3_ Gráfico de Ishikawa: también se conoce con el nombre de espina de pez, ya que a partir de un modo de fallo va buscando sus causas. Estas causas pueden ser riesgos para el proyecto, ya que de ocurrir provocarían el fallo.

Análisis de riesgos

Si has hecho la identificación de riesgos de forma concienzuda, habrás obtenido un número elevado de riesgos, a veces demasiados para poder ser considerados en la planificación y gestión del proyecto. Ahora toca analizarlos y ver cuáles son los realmente relevantes.

¿Y cuáles son los riesgos relevantes? Para responder a esta pregunta puedes usar la matriz de impacto.

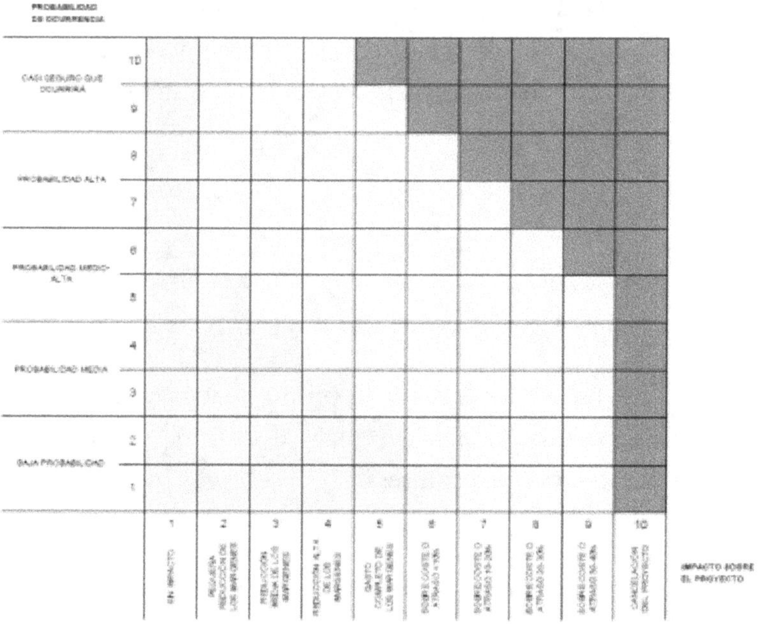

La matriz de impacto está formada por una cuadricula con la probabilidad de ocurrencia en el eje vertical y el impacto sobre el proyecto en el eje horizontal, de tal forma que los riesgos se distribuyen en base a estas dos variables. Un riesgo se considera importante cuando tiene una probabilidad o un impacto elevado, lo que permite delimitar diferentes áreas dentro de esta matriz.

1_ Área en verde. Los riesgos en esta área son los de menor importancia y no serán considerados en los siguientes pasos. Esto no implica que te olvides de ellos, ya que durante el proyecto pueden variar su importancia.

2_ Área en amarillo. Los riesgos en esta área corresponden a un nivel de importancia medio, por lo que debes definir planes de contingencia por si ocurren.

3_ Área en rojo, Los riesgos en esta área corresponden a un nivel de importancia alto. Para estos también tienes que definir planes de contingencia y aplicarlos de forma más urgente.

Para el cálculo de márgenes que harás en el capítulo siguiente te centrarás únicamente en los riesgos en las áreas amarilla y roja. En el caso de los riesgos en el área roja, habitualmente deberás aplicar sus planes de contingencia desde un primer momento. Por ello, estos riesgos no solo afectarán a los márgenes, sino también a las tareas y costes.

Recurso:

Puedes descargar una plantilla de matriz de impacto en la dirección de descarga que aparece en la primera página del libro.

Cómo has visto, la definición de las áreas y la propia matriz son bastante subjetivas, por lo que puedes usar la plantilla del enlace, definir tu propia matriz, o consultar los criterios habituales en tu empresa.

Definición de acciones

Para los riesgos relevantes (áreas amarilla y roja) debes definir las acciones que tomarás, bien de forma proactiva para mitigarlos, traspasarlos o evitarlos; la acción a tomar una vez se materialice el riesgo, si lo debes asumir. Estas acciones modifican el impacto de los riesgos, y por lo tanto su peso en el margen, y pueden suponer tareas adicionales.

Cómo ya te he avanzado, las acciones frente los riesgos se basan en cuatro estrategias:

1_ Evitar. Consiste en hacer que el riesgo deje de afectar al proyecto, normalmente modificando alguna de las restricciones básicas de este o del alcance. Esta estrategia sería recomendable para los riesgos en el área roja.

Ejemplo:

En la fase comercial podemos declinar asumir cierta partida del proyecto, acordar un plazo de ejecución más largo, etc.

Si hay riesgo de que una persona asignada al proyecto tenga que abandonar este, podemos tener acordado un sustituto con su responsable. Este acuerdo se aplicará cuando la materialice el riesgo y nos permite evitar el impacto de perder a este recurso.

2_ Traspasar. Consiste en hacer que una tercera persona asuma total o parcialmente el riesgo. Esta estrategia sería recomendable para los riesgos en el área roja.

Ejemplo:

Si decidimos contratar un seguro para un envío de materiales, estamos traspasando el riesgo a la empresa aseguradora. A cambio esta nos cobrará el coste del seguro. Por lo tanto, traspasamos el riesgo, pero asumimos un coste adicional y la tarea de contratar el seguro

3_ Mitigar. Consiste en reducir o limitar el impacto del riesgo sobre el proyecto, normalmente a cambio de una contrapartida económica o trabajo adicional.

Ejemplo:

Si el atraso de una determinada tarea tiene un impacto elevado, puedes asignar más recursos o incrementar las tareas de seguimiento y control.

En ambos casos se reduce su probabilidad de ocurrencia a cambio de asumir costes adicionales.

4_ Aceptar. Cuando no puedas aplicar ninguna de las estrategias anteriores, o cuando estas solo consigan reducir el impacto del riesgo, el impacto remanente debes aceptarlo e incluirlo en los márgenes del cronograma y coste para poder proteger el proyecto.

También debes definir las acciones o contramedidas a ejecutar en el caso de ocurrir el riesgo. Hacerlo durante la fase de planificación tiene la ventaja de que te permite hacerlo sin las prisas y las presiones posteriores, facilitando que las decisiones que tomes sean las más acertadas.

Ejemplo:

El riesgo que una persona del equipo se ponga enferma durante la ejecución y esto atrase sus tareas es un riesgo que normalmente se suele aceptar. Sabemos que puede ocurrir y simplemente ponemos un margen para ello en el cronograma.

En el caso de la tarea con impacto elevado del ejemplo anterior, se ha reducido su impacto con los recursos y el control adicional, pero sigue existiendo un impacto menor que debes aceptar.

Los riesgos identificados, su probabilidad de ocurrencia y la estrategia a seguir se documentan en el registro de riesgos del proyecto. En este también se incluye su impacto en coste o plazo. De esta forma, si ocurre alguno de los riesgos identificados, tendrás una idea clara de cómo actuar y de su impacto; evitando decidir en caliente.

Recurso:

Puedes descargar una plantilla de registro de riesgos en la dirección de descarga que aparece en la primera página del libro.

2.9. ESTIMACIÓN Y DEFINICIÓN DE LOS MÁRGENES

Hay un chiste sobre ingenieros que dice: "¿Que es una vaca? Es un ratón diseñado por ingenieros, después de aplicar los coeficientes de seguridad"

Pues la verdad es que para garantizar que al final del proyecto tengamos un ratón, este tiene que planificarse con cierto sobrepeso, pero sin llegar a ser una vaca. La cuestión es cuánto sobrepeso consideramos y dónde lo ponemos.

Márgenes como un porcentaje del valor total

En proyectos pequeños, cuando no hay datos históricos detallados, o en fases iniciales donde se nos solicita meramente una estimación inicial, podemos considerar los márgenes como un porcentaje del tiempo de ejecución o el presupuesto global del proyecto. En este caso el margen se aplicaría al conjunto del cronograma o del presupuesto.

Este porcentaje lo puedes sacar de diferentes fuentes:

1_ Recopilando información de otros directores/as de proyecto que hayan participado en proyectos similares, o de proyectos anteriores similares al tuyo.

2_ Comparando la duración real final con la planificada en proyectos anteriores similares al tuyo. La diferencia sería el margen a considerar.

Esta forma de calcular el margen puede parecer poco profesional, pero en proyectos donde no se dispone de la información necesaria para un cálculo detallado, o en proyectos pequeños donde no se justifica un gasto muy alto en planificación, es perfectamente correcta.

Si el margen se saca de proyectos anteriores similares no se está inventando o dando valores al aire, sino lo que se está aprovechando conocimientos; y por lo tanto se sustituye la precisión en el cálculo por el ahorro de recursos.

Márgenes a partir de las estimaciones y riesgos

En proyectos más grandes, y cuando se han podido aplicar las técnicas de estimación e identificación de riesgos, puedes definir los márgenes de forma más precisa partiendo de estos datos.

En gestión de proyectos existen tres tipos de márgenes para incrementar la fiabilidad del cronograma y del presupuesto del proyecto:

1_ El margen debido a la variabilidad de las tareas, tanto en el tiempo de ejecución como en el coste.

2_ El margen debido a los impactos de los riesgos que has tenido que aceptar.

3_ El margen de gestión. Este es un margen que algunas empresas colocan encima del presupuesto calculado para asegurar un mínimo de seguridad en la estimación. No siempre existe y no lo debes confundir con el margen comercial. Tampoco te corresponde a ti definirlo.

El margen de gestión, si existe en tu empresa, suele ser un porcentaje que se coloca encima del valor medio y los márgenes por variabilidad y riesgos, o un porcentaje de reducción del margen comercial que se considera aun aceptable. A priori, como director/a de proyectos no dispones de este margen para gestionar el proyecto, por lo que es mejor que no lo consideres inicialmente; por lo contrario, sí que dispones y puedes usar los otros márgenes cuando sea necesario.

<u>Margen debido a la variabilidad</u>

En este apartado te debo recordar que este libro sigue el criterio de CPM-PERT, el cual considera la duración de las tareas como algo fijo. Por ello el margen debido a la variabilidad en el tiempo de ejecución de una tarea se suma a su valor medio.

En el caso de los costes no sería así. La forma de calcular el margen es la misma, pero en este caso es más recomendable sumar los márgenes de todas las tareas y unirlos en un margen global para el proyecto.

¿Pero cuánto margen debes sumar? Esto va a depender de la fiabilidad que quieras en el cronograma y el presupuesto. Esta fiabilidad puedes definirla tú o usar el criterio que tenga tu empresa, y se corresponde al porcentaje de veces que va a cumplirse tu estimación.

Nuevamente este cálculo se hace mediante fórmulas estadísticas, asumiendo una distribución normal para las estimaciones que hiciste, y definiendo para qué fiabilidad quieres calcular este margen.

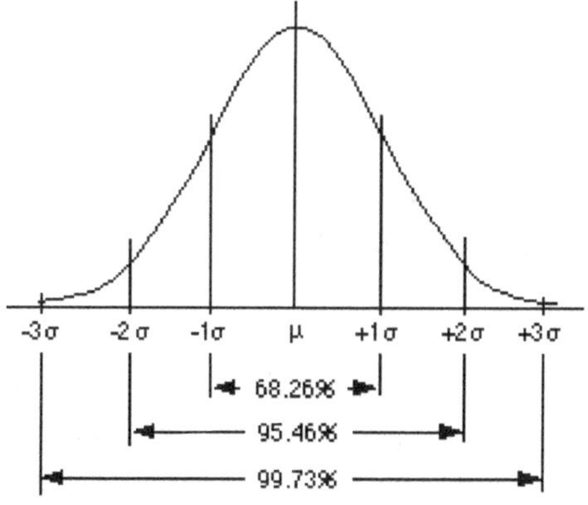

$$\text{Valor medio} = \mu = \frac{\sum_{i=1}^{N} xi}{N}$$

$$\text{Variabilidad} = \sqrt{\frac{\sum_{i=1}^{N} (xi - \mu)^{\wedge}2}{N}}$$

Cómo muestra la imagen, el punto central de la distribución normal corresponde al valor medio, o estadísticamente el valor que se cumplirá el 50% de las veces. Si quieres aumentar la fiabilidad de tu estimación debes ir incrementando este valor. De esta forma si quieres una fiabilidad del 68%

usarás el valor medio más la variabilidad, para una fiabilidad del 95% usarás el valor medio más dos veces la variabilidad, y así sucesivamente...Estos valores incrementados serás los que usarás en el siguiente capítulo para hacer el cronograma.

En el caso de los costes aplicaríamos este mismo criterio, pero uniendo todos los incrementos sobre los valores medios en un único margen. De esta forma si quieres una fiabilidad del 68% usarás la variabilidad, para una fiabilidad del 95% usarás dos veces la variabilidad, y así sucesivamente. Cuando tengas estos valores calculados para todas las tareas, los sumarás en un único paquete que será tu margen en el presupuesto.

<u>Margen debido a los riesgos</u>

Ya hemos visto que existen riesgos que deberás aceptar en el proyecto, los cuales tienen un determinado impacto y probabilidad de ocurrencia. Estos riesgos, en el supuesto de ocurrir, provocarán cambios en el plazo y los costes; por lo que debes considerar un margen para protegerte de estas situaciones posibles que no están bajo tu control.

En este caso el valor a considerar como margen será la suma de los impactos de los riesgos asumidos, después de haber aplicado las acciones definidas frente a ellos (evitar, transferir, mitigar o aceptar), multiplicados por su probabilidad de ocurrencia. Para ello te ayudará el registro de riesgos que has completado en el capítulo anterior.

Ejemplo:

Imagina que tienes los tres riesgos siguientes, los cuales después de aplicar las acciones frente a ellos tienen los siguientes impactos y probabilidades remanentes:

Riesgo A. Impacto de +2000€ y 2 días de atraso. 30% de probabilidad de ocurrir

Riesgo B. Impacto de 10 días de atraso. 60% de probabilidad de ocurrir

Riesgo C. Impacto de +5000€ y 5 días de atraso. 45% de probabilidad de ocurrir

Riesgo D. Impacto de -1000€. 40% de probabilidad de ocurrir.

Riesgo	Impacto Económico	Impacto en tiempo	Probabilidad	Margen en coste	Margen en tiempo
A	2000	2	30%	600	0,6
B	0	10	60%	0	6
C	5000	5	45%	2250	2,25
D	-1000	0	40%	-400	0

				SUMA	2450	8,85

Cómo puedes ver en el ejemplo, la combinación de los cuatro riesgos daría como resultado un margen en el presupuesto de 2450€ y un margen en el cronograma de 8,85 días.

La forma de incluir este margen en el cronograma puede ser diferente en función de si hablamos del cronograma o del presupuesto. En los siguientes dos capítulos te explico cómo incluirlo en cada caso.

Si te has fijado, el riesgo D tiene un impacto de -1000€, lo que implica que es una oportunidad; es algo que de ocurrir nos reducirá el coste del proyecto. Las oportunidades ya las viste en el capítulo sobre identificación de riesgos y también deben considerarse en el cálculo del margen.

En este punto podrías decirme que siempre has visto que el margen se pone en forma de un porcentaje que decide el jefe o alguien con más experiencia, sin tantos cálculos ni análisis. Bien, en el primer punto de este capítulo ya se muestra esta opción y a veces no hay más remedio que aplicarla. Pero si vuelves a mirar las técnicas de estimación que te he presentado anteriormente, verás que la técnica del juicio de expertos o la de los tres puntos no dejan de ser formas de estimar basadas en la falta de datos históricos; pero ejecutadas de forma más objetiva y profesional que un simple porcentaje sobre el total del cronograma o presupuesto.

A parte, si estas técnicas se aplican sobre las tareas o paquetes de trabajo individuales para luego calcular el margen global se consigue un valor más realista y preciso. Esto es así porque es más fácil dar un valor acertado sobre algo definido y pequeño, que sobre algo mayor y más general.

2.10. CREACIÓN DEL CRONOGRAMA

Ahora ya tienes todos los datos necesarios para poder crear el cronograma, y solo te quedar ponerlos en común y ajustar el cronograma hasta que consigas hacer que este cumpla con el objetivo de plazo y las restricciones de recursos que tienes.

Para ello debes partir del diagrama de tareas que preparaste anteriormente, el cual ya muestra de forma ordenada las diferentes tareas del proyecto, aunque aún no considera el tiempo, la disponibilidad de recursos, ni los márgenes. Esta es su diferencia respecto al cronograma.

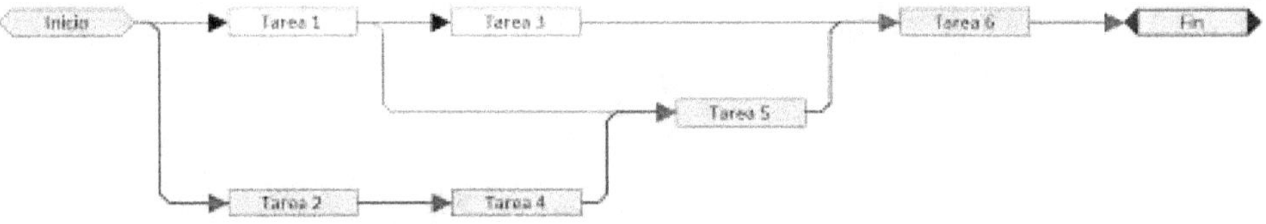

Si a este diagrama de tareas le incluimos las estimaciones de tiempos de ejecución que ya tienes, conseguirás un primer cronograma que no tiene en cuenta la disponibilidad de recursos. Esto es equivalente a considerar que dispones de recursos ilimitados en cualquier momento, lo que habitualmente es falso. Dentro de este primer cronograma te sugiero incluir los hitos del proyecto, que serán eventos que se corresponderán con alguna entrega, compromiso, o punto importante, y que te servirán para controlar este y para informar del avance de forma resumida.

Inicio	0 hrs
Tarea 1	24 hrs
Tarea 2	16 hrs
Tarea 3	8 hrs
Hito 1	0 hrs
Tarea 4	32 hrs
Hito 2	0 hrs
Tarea 5	8 hrs
Tarea 6	8 hrs
Fin	0 hrs

Sobre este primer cronograma ya puedes incluir el calendario y el horario de trabajo, imaginemos 8 horas/día y 5 días/semana de trabajo, o lo que corresponda a tu empresa. Y finalmente debes asignar a cada tarea el recurso que la ejecutará, considerando su porcentaje de dedicación (en el caso de realizar varias tareas simultáneamente), su capacidad de trabajo máxima, y su calendario específico si lo tuviera.

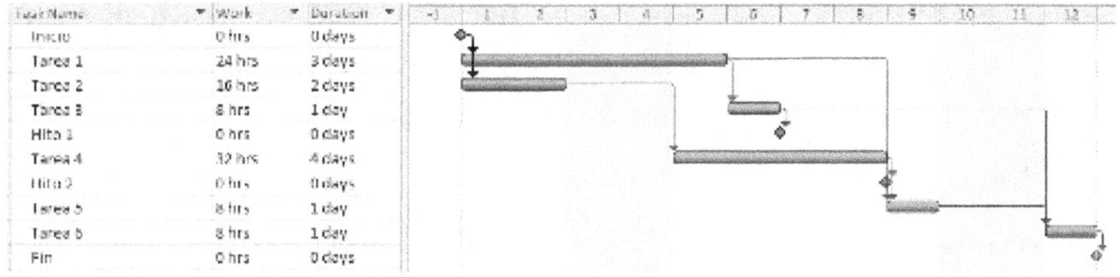

En este paso es donde se hace el balance de los recursos, que no es más que ajustar el cronograma para que ningún recurso supere su capacidad de trabajo máxima. Haciéndolo te puedes encontrar con dos situaciones:

1_ Que una tarea vea su plazo alargado por tener un recurso con dedicación parcial.

2_ No disponemos del recurso en el momento necesario, lo que nos obliga a ajustar las fechas de la tarea a la disponibilidad del recurso.

Ejemplo:

Si una tarea tiene un tiempo de ejecución de 40 h, una persona la puede ejecutar en una semana, pero si esta persona únicamente puede dedicarle la mitad de su tiempo, la tarea pasará a requerir dos semanas. En el cronograma de ejemplo puedes ver que el plazo de las tareas 1 y 2 se ha doblado porque le hemos asignado el recurso A con un 50% de dedicación.

En el cronograma de ejemplo puedes ver que la tarea 3 se ha situado por detrás de la tarea 4 al compartir el recurso B con ella.

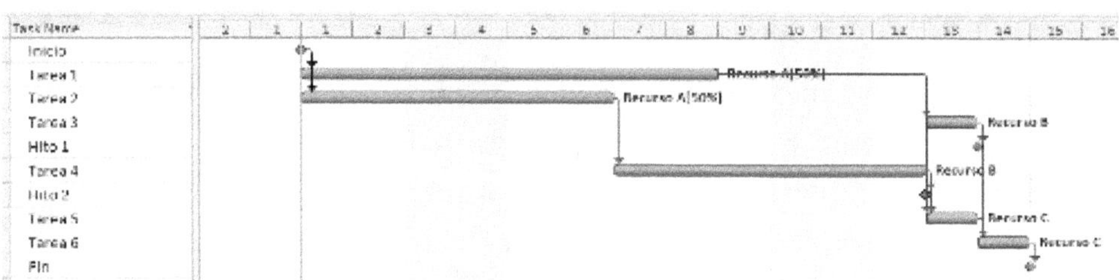

Aunque teóricamente los recursos se balancean considerando que su dedicación máxima es del 100%, en la práctica te sugiero considerar una dedicación entorno al 85%-90%, ya que cualquier trabajador debe asumir en su jornada trabajos fuera del proyecto (realizar partes de horas, reuniones, etc.) que le restan capacidad.

Después de asignar y balancear los recursos ya has conseguido un cronograma que muestra de forma totalmente realista el plazo de ejecución del proyecto, y que permite definir el camino crítico. Este estaría definido por las tareas que no tienen holgura, o que no se pueden atrasar sin atrasar el final del proyecto, y que por lo tanto definen el plazo mínimo del proyecto.

Recurso.

Si quieres saber más detalles sobre cómo calcular la holgura de una tarea y su uso puedes visitar https://www.recursosenprojectmanagement.com/ la-holgura-de-una-tarea/

Ya que has partido de unas estimaciones de tiempo hechas con una determinada fiabilidad, el cronograma que has obtenido define el plazo del proyecto con esta misma fiabilidad. Esto implica que, si no surge ningún problema, el proyecto cumplirá con el plazo definido el porcentaje de las veces que hayas considerado. ¿Pero qué ocurre si surgen problemas?

En un proyecto bien planificado no hablamos de problemas, sino de riesgos, los cuales ya has identificado y cuantificado; y que ahora incluirás en tu cronograma.

Para incluir el margen por riesgos tienes dos opciones:

1_ La más simple es incluirlo al final considerando el total del margen calculado en el capítulo anterior.

2_ La forma más correcta sería dividirlo para proteger los entregables del proyecto y la entrega final. En este caso debes calcular el valor del margen considerando los riesgos asociados a las tareas que llevan a cada entregable, situando el margen delante del entregable; y entre el último entregable y el final del proyecto para el margen final.

Siguiendo con el cronograma que estoy usando como ejemplo, podemos considerar que el hito 2 y la entrega final son entregables, y por lo tanto necesitamos protegerlos. En este caso el hito 2 depende de las tareas 2 y 4, por lo que protegeremos el hito 2 con un margen igual al atraso estimado para los riesgos asociados a estas dos tareas. En el caso de la entrega final haremos lo mismo, pero considerando las tareas 5 y 6, que son las tareas que hay entre el último margen incluido y la entrega.

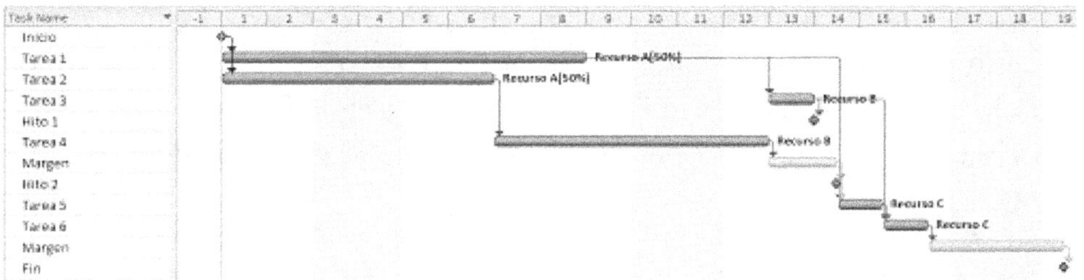

¿Y porque no consideramos las tareas 1 y 3? Pues el motivo es que estas no forman parte del camino crítico, por lo que pueden atrasarse sin afectar al plazo de entrega. Obviamente esto no quiere decir que no las tengas que seguir, ni que se puedan atrasar sin límite, ya que de atrasarse más que su holgura, estas pasarían a formar parte del camino crítico, lo que te obligaría a modificar el cronograma.

Con esto has acabado con la creación del cronograma, el cual puedes presentar de varias formas en función del destinatario y el grado de detalle que queras mostrar. De esta forma puedes tener un cronograma detallado para el seguimiento del proyecto, uno de hitos para mostrar a la dirección o cliente, etc.

2.11. PRESUPUESTO Y LÍNEA BASE DE COSTES

Junto con el alcance y el cronograma, el coste es uno de los aspectos más importantes a la hora de gestionar y definir un proyecto. La gestión de costes en proyectos tiene dos herramientas básicas:

> 1_ El presupuesto que define el coste final que va a tener el proyecto, incluyendo los diferentes márgenes.

> 2_ La línea base de costes que define cómo se va a ir consumiendo el presupuesto a lo largo del proyecto, y por lo tanto permite anticipar posibles desviaciones en el coste final.

En este capítulo vas a aprender a crear y usar ambas

Cálculo del presupuesto

Cuando calcules el presupuesto de un proyecto debes distinguir dos situaciones; los cálculos preliminares que se hacen en la fase de inicialización y/o comercial, y el cálculo del presupuesto detallado al final de la fase de planificación.

<u>Cálculo inicial</u>

El cálculo inicial se utiliza durante la fase de inicialización o en una oferta estimativa para un cliente. Por su carácter estimativo, normalmente usarás algunas de estas técnicas:

1_ Estimación por analogía

2_ Estimación por juicio de expertos

3_ Estimación paramétrica

Estas técnicas ya se explicaron el capítulo de estimación del tiempo de ejecución y los costes de las tareas.

Este cálculo inicial se usa habitualmente para conocer el coste del proyecto de forma aproximada con el objetivo de estudiar su viabilidad; y suele presentarse de forma resumida o en forma de tabla.

Consejo.

Cuando hagas una estimación inicial es mejor pasarse un poco que quedarse corto. Aunque se acepta que estos cálculos tienen un grado de precisión medio/bajo, y por lo tanto pueden diferir respecto al cálculo detallado, normalmente el valor dado se asume como un valor máximo. Por ello no es de extrañar que un cliente se queje de que la oferta este por encima del valor estimado inicialmente, o que se creen problemas de presupuesto al haberse aprobado el proyecto con el valor inicial.

Cálculo detallado

El cálculo detallado lo obtendrás al final de la fase de planificación y sus principales funciones son:

En proyectos para terceros puede ser la base para crear la oferta final; aunque la falta de tiempo habitual en las discusiones comerciales hace que habitualmente las ofertas se hagan con un menor nivel de detalle.

Determina el presupuesto para ejecutar el proyecto; y por lo tanto uno de los criterios para decir si el proyecto tiene éxito o no.

Define los costes de las diferentes tareas, lo que permite definir la línea base de costes, el flujo de caja, y realizar el control y seguimiento de los costes durante la ejecución del proyecto.

De forma general se puede decir que el presupuesto de un proyecto se compone de dos partes:

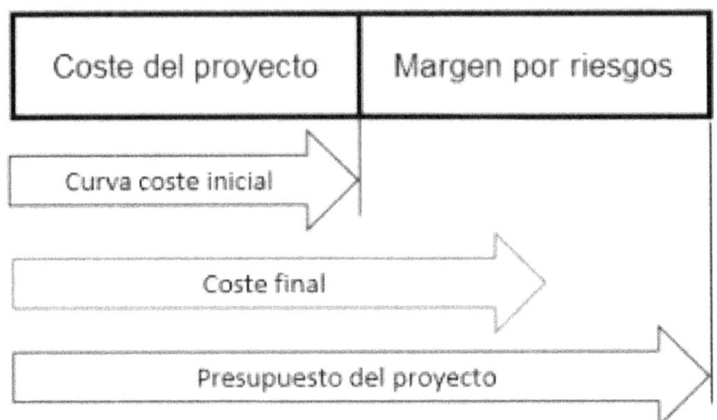

1_ Coste del proyecto. Es la suma del coste de todas las tareas considerando la fiabilidad usada en las estimaciones; por lo tanto su coste más probable y parte de la variabilidad que has estimado en los capítulos anteriores.

2_ Margen por riesgos. Es el valor económico del impacto de los riesgos calculado cómo has aprendido en el capítulo de estimación y definición de los márgenes.

La suma de estos dos puntos forma el presupuesto del proyecto, y en la práctica es la cantidad total que tienes para gastar. Aunque me estoy avanzando, el coste final del proyecto estará en un punto entre el coste del proyecto y la suma de estos dos puntos. Y es normal que sea así, ya que la ocurrencia de los riesgos no está dentro de tu control, pero si su gestión y las contramedidas a tomar.

Cómo puedes ver, si has realizado la estimación de los costes de las tareas y la cuantificación de riesgos, crear el presupuesto es algo bastante simple y se basa en aplicar la metodología bottom-up. Esto es sumar los valores de las diferentes tareas que componen el proyecto y sobre este valor incluir el margen por riesgos.

Adicionalmente pueden existir dos puntos más, los cuales quedan fuera del ámbito de la gestión de proyectos pero es bueno que conozcas:

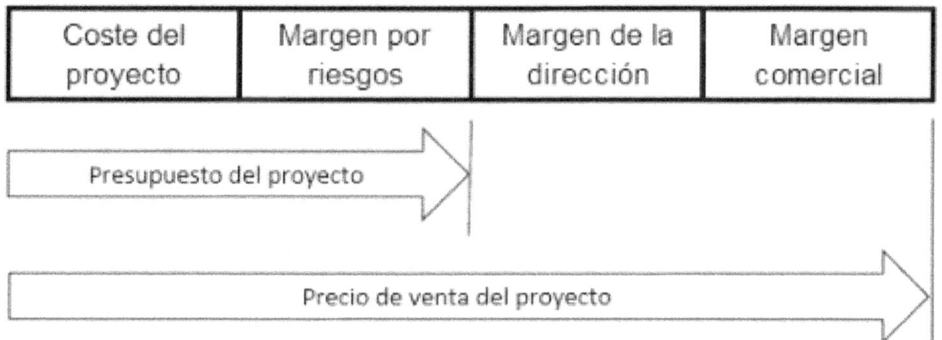

1_ Margen de la dirección. Es un margen de seguridad que la empresa pone por encima del presupuesto calculado y define el punto que hará saltar las alarmas. Aquí lo represento como un coste adicional (sobrecoste máximo aceptado), pero también puede aplicarse como una reducción en el margen comercial.

2_ Margen comercial. Este concepto solo aplica a proyectos para terceros y por definición se corresponde al beneficio que la empresa espera sacar por hacer el proyecto.

La línea base de costes

La línea base de costes es la distribución de los costes acumulados a lo largo del proyecto, o dicho de otra forma, el gasto del presupuesto que vas a tener a medida que vaya avanzando el proyecto. Esto te permite comparar el coste que tienes en un momento dado con el que deberías tener según la planificación.

Su cálculo es más simple de lo que parece, ya que a estas alturas ya dispones de toda la información para hacerlo. Para ello necesitarás el cronograma y el coste individual de cada tarea, ambos ya conocidos.

La novedad viene en la forma de distribuir el coste a lo largo de la duración de la tarea, ya que en función del criterio que uses el resultado puede variar, sobretodo en tareas largas. Existen cuatro criterios que puedes usar en función de lo que consideres más adecuado en cada caso:

1_ 100% al inicio de la tarea. Este es el criterio más conservador desde el punto de vista del control de costes, ya que se asume el total del coste de la tarea a su inicio, lo cual tiene sentido en tareas que no permitan dividir los costes o asumir solo parte del coste si esta se cancelase sin completar.

2_ 100% al final de la tarea. Sería la situación contraria, asumir el coste cuando la tarea ha finalizado. Existen pocas situaciones que justifiquen este criterio, siendo la más común la compra de materiales facturados a su entrega. Este criterio es el más conservador desde el punto de vista de la ejecución, ya que asocia el coste con la finalización del trabajo.

3_ Por hitos distribuido a lo largo de la tarea. Si nos fijamos, los dos criterios anteriores son casos particulares de este criterio, pero en general existen múltiples formas de repartir el coste a lo largo de la tarea en función de diferentes hitos. Por ejemplo, cuando se contrata algo con el pago de un anticipo, cuando se trata de un paquete de trabajo subcontratado que se paga en función de entregas parciales, etc.

Por regla general es un criterio que funciona bien con las tareas subcontratadas, ya que en este caso los hitos de imputación de costes coinciden con los hitos de facturación. También en compra de materiales donde se facture por entrega, entendiendo que existen varias entregas parciales dentro de la tarea.

4_ Proporcional al avance de la tarea. Este es el criterio que mejor se corresponde con tareas que se ejecutan de forma continua y medible, lo que permite que el coste pueda prorratearse en función de alguna variable.

Aunque en algunos casos se puede usar un solo criterio, en la práctica es habitual que una tarea pueda incluir diferentes criterios en función de la naturaleza de cada coste. Imagina una tarea que sea la construcción de un muro; existe el coste del material que puedes imputar cuando se compra, y el coste del trabajo que puedes imputar a medida que se va construyendo la pared.

Ejemplo.

Imagina una tarea de 6 semanas que consiste en construir una losa de hormigón armado y que incluye tres partidas de coste:

1_ Compra de la estructura metálica, con un coste de 3000€ cuando se recibe.

2_ Compra del hormigón de relleno. Supongamos que harán falta 3 camiones a razón de uno cada dos semanas, pagando 1000€ en cada entrega.

3_ Horas de trabajo de los operarios, a razón de 500€/semana.

Si distribuyes los costes a lo largo de las 6 semanas en base a estos criterios, obtendrás la distribución y evolución de los costes que se muestran a continuación:

	S1	S2	S3	S4	S5	S6
Coste estructura	3000					
Coste cemento	1000		1000		1000	
Coste trabajo	500	500	500	500	500	500
Coste total	4500	500	1500	500	1500	500
Coste acumulado	4500	5000	6500	7000	8500	9000

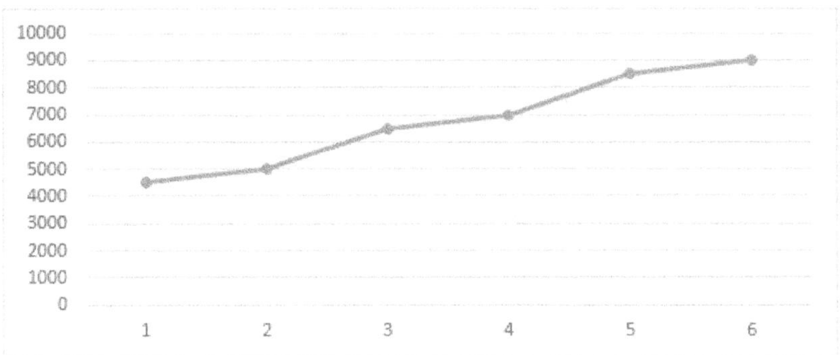

Una vez tengas la distribución del coste en cada tarea individual, la línea base de costes sale de sumar estas distribuciones para obtener la distribución del proyecto completo. En la práctica esto se hace ayudados por un programa de gestión de proyectos, tipo MS Project o similar, sobre todo para ir ajustando esta línea de costes durante la ejecución.

Un concepto relacionado con la línea base de costes es el flujo de caja. El flujo de caja es la diferencia entre los cobros y los pagos a lo largo del proyecto, y determina la capacidad del proyecto para financiarse y por lo tanto su viabilidad económica.

La forma de calcular el flujo de caja es en concepto similar al cálculo de la línea base de costes, simplemente considerando en lugar de los costes, los pagos y los cobros que tendrá el proyecto.

Si el proyecto no supone un coste elevado respecto al total del presupuesto de la empresa que lo ejecuta, lo normal es no tener que calcular el flujo de caja. Ya que el conjunto de proyectos o trabajos que la empresa tenga en curso cubrirán las necesidades de financiación. Por ello no voy a entrar en detalle en este concepto en esta guía.

2.12. AJUSTAR LA PLANIFICACIÓN

Cómo te comenté al inicio de los capítulos de planificación, todo lo que hemos tratado hasta ahora suele ejecutarse en paralelo y de forma iterativa; por ello lo normal es que tengas que ir planificando y reajustando la planificación hasta llegar a un planteamiento que te permita conseguir los objetivos del proyecto respetando las restricciones de coste, plazo y recursos que tienes.

Existen multitud de motivos por los cuales puedes tener que ajustar o rehacer la planificación, de los cuales destacaría:

1_ Detección de nuevos riesgos. A medida que vas definiendo el proyecto pueden ir apareciendo nuevos riesgos, como la posible falta de un recurso en un determinado momento, el atraso de una tarea dentro del camino crítico, o tener que hacer actividades de exterior en momentos climáticamente adversos. Esto te obligará a rehacer el análisis y cuantificación de riesgos, pudiendo generar tareas y costes adicionales a incluir en el cronograma y presupuesto.

2_ Presupuesto demasiado elevado. Lo normal es que tengas una limitación inicial en relación al coste máximo del proyecto; si tu presupuesto lo supera deberás definir una forma más económica e hacer el proyecto. Esto puede obligarte a usar recursos de menor nivel (normalmente más económicos, pero con menor rendimiento), modificar las tareas, o tener que replantear el plan de compras.

hacer compras más pequeñas, o comprar los materiales por tu cuenta y contratar solo la instalación. En todos los casos reducirás el precio del trabajo, pero asumirás mayores riesgos.

3_ El plazo total supera la fecha requerida de entrega. En este caso debes aplicar técnicas de compresión del cronograma para conseguir reducir el plazo.

Recurso.

Si quieres saber más sobre técnicas de compresión del cronograma visita https://www.recursosenprojectmanagement.com/reducir-el-plazo-del-proyecto/

4_ Disponibilidad de un determinado recurso. Este punto es bastante habitual en empresas que tienen varios proyectos. Según el cronograma necesitas ejecutar una tarea en unas determinadas fechas, y no hay recursos disponibles o la persona asignada está de vacaciones. Si esto te ocurre deberás replantear la tarea afectada con otro recurso o cambiar las fechas de esta.

Una vez consigas una planificación que cumpla con los objetivos y restricciones del proyecto podrás decir que has completado con éxito la fase de planificación, y empezarán las fases de ejecución y seguimiento y control.

Me gustaría hacerte notar que de los diecisiete capítulos que componen este apartado, nueve están dedicados a la fase de planificación. Esto te da una idea de lo importante que es esta fase en la gestión de proyectos.

Llegados a este punto has creado varios documentos (lista de tareas, plan de recursos y compras, cronograma, línea base de costes, etc) que actúan a modo de mapa; si los sigues sin desviarte llegarás a completar el proyecto con éxito. E igual que ocurre con un mapa, si este es incorrecto y no muestra bien el camino, no llegarás a dónde quieres ir; con los proyectos ocurre lo mismo, por ello es tan importante esta fase y la calidad de la información que generes en ella.

2.13. SEGUIMIENTO Y CONTROL DEL

PROYECTO

Una vez acabada la planificación del proyecto llega el momento de ejecutarlo, o dicho de otra forma, hacer todo lo que se ha planificado y de acuerdo a cómo se ha planificado.

El seguimiento y control de proyectos es el conjunto de procesos y actividades que se utilizan para asegurar que las tareas y entregables del proyecto se están ejecutando de acuerdo a la planificación realizada, con el objetivo de asegurar que el proyecto consiga sus objetivos, y detectar y corregir posibles desviaciones lo antes posible.

Para ello cuentas con tres grandes aliados; los cuales preparaste en la fase de planificación:

1_ El cronograma del proyecto. Te muestra las tareas ordenadas y sus fechas de ejecución. También te muestra el camino crítico, o sea, aquellas tareas que si se atrasan afectarán a la fecha final del proyecto. Por lo tanto, te permite ver si el proyecto está avanzando a la velocidad adecuada o no, y como los atrasos en una tarea van a afectar a las siguientes o a la fecha final de entrega.

2_ La línea base de costes. Te muestra la forma en que prevés gastar el presupuesto del proyecto, lo que te permite comparar en cualquier momento el gasto real con el que tenías previsto. De esta forma puedes determinar si estás por encima o por debajo del presupuesto y estimar el coste final. .

3_ El diccionario de la WBS junto con la lista de entregables. Estos documentos definen lo que debe entregar el proyecto, y te dan una referencia con la cual comparar el trabajo ejecutado y su calidad.

Pero también existen dos grandes enemigos que constituyen dos de las principales causas de fracaso en proyectos: los cambios y los riesgos. Por su importancia, estos se tratarán en los siguientes dos capítulos.

En este capítulo nos vamos a centrar en el control de las variables básicas: alcance, coste y plazo. Y para ello te propongo un proceso consistente en cuatro pasos que se aplican de forma iterativa a lo largo del proyecto.

En concepto, se trata de usar los documentos anteriores para contrastar la situación del proyecto con la planificación, detectar las desviaciones y aplicar contramedidas cuando corresponda. De esta forma el proceso puede definirse como:

Recopilación de información

El objetivo de este primer paso es conocer la situación real del proyecto, y actualizar la documentación generada durante la planificación para que refleje esta situación.

Aunque te he dicho que este capítulo se centra en el seguimiento y control de las tres variables básicas del proyecto, es importante que recopiles información sobre todas las áreas que se incluían en la planificación.

1_ Los interesados; que pueden cambiar durante la ejecución o variar su importancia o posicionamiento respecto al proyecto. Igualmente debes controlar si las acciones que definiste para gestionar a los interesados se están llevando a cabo con los resultados que esperabas.

2_ El alcance, tanto en relación a lo que se está ejecutando, como a posibles modificaciones en las tareas a realizar. Estas modificaciones pueden ser debidas a solicitudes de cambio, que se tratarán en los siguientes capítulos, o a nuevas tareas debidas a contramedidas o cambios en otras áreas del proyecto.

3_ Los riesgos. Los cuales se tratarán en más detalle en los siguientes capítulos, y que también pueden verse alterados.

4_ El avance de las tareas y el plazo necesario para completar las que estén en curso. Esto te permitirá actualizar el cronograma.

Adicionalmente el cronograma puede actualizarse o cambiar si estás usando una planificación progresiva. Cómo te comenté en el capítulo de creación del cronograma, es habitual que la planificación se vaya ajustando y detallando a medida que avanza el proyecto y se tiene más información.

5_ La definición de los recursos; ya que estos pueden dejar de estar disponibles, pueden aparecer recursos más adecuados, o su definición cambie a medida que vas conociendo mejor el trabajo a ejecutar.

6_ Y uno de los aspectos que más suelen preocupar, los costes.

Junto con estos aspectos es importante que sigas aquellos trabajos o aspectos que, sin formar parte de la planificación, afectan a la ejecución del proyecto. Estos son lo que suele llamarse puntos abiertos y pueden incluir desde pequeñas tareas, temas a comprobar, información pendiente, etc. Si consigues que estos avancen bien, el proyecto en su conjunto también lo hará.

Recursos:

Para seguir los puntos abiertos del proyecto puedes descargar una lista de puntos abiertos en la dirección de descarga que aparece en la primera página del libro.

Ahora la pregunta es ¿cómo puedes recopilar toda esta información?

A continuación, te voy a proponer diferentes técnicas que puedes aplicar en cualquier proyecto. Estas técnicas no son excluyentes entre sí; y lo más efectivo es que las uses simultáneamente basándote en la planificación para definir cuándo y cómo aplicarlas.

1_ Reuniones de seguimiento. Las reuniones de seguimiento son reuniones periódicas donde se recopila información sobre la situación del proyecto y se comparte esta con los miembros del equipo. Por ello no solo son importantes para seguir y controlar el proyecto, sino también una herramienta de comunicación; como ya vistes en el capítulo correspondiente.

Debes ajustar su periodicidad al plazo total, la complejidad y la situación del proyecto en cada momento. Así un proyecto complejo o con tareas críticas en curso requerirá de una periodicidad mayor que un proyecto más simple o en una situación menos crítica.

A estas reuniones debes invitar todas aquellas personas con tareas en curso o que vayan a empezarlas en breve, o sus responsables funcionales si trabajas en una empresa con estructura funcional. La cuestión es que estén todas aquellas personas relevantes en cada momento de la ejecución.

Consejos.

Para evitar dejarte temas es bueno tener una guía común para todas estas reuniones, ya que los puntos a tratar suelen ser los mismos. Después puedes ir ajustando la agenda en función de la situación particular del proyecto.

Cuando se detectes una desviación o un problema, documéntalo y trátalo en una reunión separada con las personas afectadas. Esto evitará que la reunión de seguimiento se alargue innecesariamente, afectando a todo el equipo.

2_ Revisiones técnicas. Una revisión técnica es una reunión formal donde participan expertos (internos y/o externos al proyecto) a modo de examen o evaluación; en muchos casos ligada a un hito de entrega o facturación.

El objetivo de estas revisiones puede ser doble:

Por un lado, analizar en profundidad los entregables asociados al hito para determinar si estos cumplen con las expectativas; y si es necesario, definir las acciones que deben tomarse para corregirlos. Como ejemplo tendríamos los ensayos de aceptación de un equipo, las revisiones de diseño, etc.

Por otro controlar el avance de las tareas, comparando su estado actual con el estado definido para el hito. Esto es muy útil en tareas largas o desarrolladas en proveedores donde vas a tener menos visibilidad.

3_ Métricas de seguimiento. Una forma de tener una visión objetiva y cuantificable del estado del proyecto es mediante la definición de métricas de seguimiento. Una métrica de seguimiento es por definición cualquier tipo de variable que pueda ser usada para medir el estado de algún aspecto del proyecto que sea importante y queramos controlar; de esta forma vamos a tener métricas relacionadas con los costes, los plazos, los entregables, la calidad, etc.

Habitualmente el uso de métricas suele ir ligado a disponer de alguna herramienta informática para seguir el proyecto, ya que, sin esta, la recolección de datos para crear las métricas se hace bastante difícil. Esto es especialmente cierto en lo relativo a los costes, pero cada vez es más frecuente usar herramientas de comunicación y gestión de equipos para seguir la ejecución de las tareas.

Recursos.

Si quieres conocer las métricas de seguimiento más usadas en gestión de proyectos visita https://www.recursosenprojectmanagement.com/los-kpi-mas-usados/

Si quieres profundizar más en el uso de métricas para seguir y controlar el proyecto visita https://www.recursosenprojectmanagement.com/metricas-en-la-gestion-proyectos/

Una vez recopilada toda la información relevante conseguirás una visión actualizada y real del proyecto, la cual podrás comparar con la planificación inicial para detectar posibles desviaciones. Esto lo verás en el siguiente paso.

Evaluación de la situación.

A partir de la información y datos recopilados en el paso anterior ya puedes evaluar la situación del proyecto, y determinar si este aún está en situación de cumplir con los objetivos iniciales y restricciones.

Independientemente de la forma que uses para recopilar la información, la evaluación de la situación consiste en responder a las siguientes preguntas:

<u>Para el plazo</u>

¿Las tareas se están ejecutando en las fechas previstas?

¿Cuánto tiempo adicional se requiere para completar las tareas en curso?

Si existen tareas atrasadas ¿Estas afectan a otras tareas?

Si existen tareas atrasadas ¿Estas afectan a la fecha final de entrega?

Si existen tareas atrasadas ¿Existe impacto en otras partes de la planificación?

Etc.

Para poder responder a estas preguntas debes tener muy claros los conceptos de las dependencias entre tareas y del camino critico que te explique en el capítulo de creación del cronograma. A título recordatorio:

1_ La relación entre tareas son aquellas que definen el orden en que estas deben ejecutarse; por lo tanto el inicio o final de una tarea puede estar afectado por el inicio o final de otra, traspasándose los atrasos o adelantos de una a otra.

Recurso.

Para saber más sobre relaciones entre tareas visita https://www.recursosenprojectmanagement.com/ hacer-el-cronograma/

2_ El camino crítico es el conjunto de tareas que definen la duración del proyecto. El atraso de una de ellas implicará el atraso del proyecto.

Recurso.

Para saber más sobre camino crítico visita https://www.recursosenprojectmanagement.com/creacion-del-cronograma-con-cadena-critica/

Con estos dos conceptos en mente y el cronograma actualizado, puedes analizar la situación del proyecto en relación a los plazos. Para ello tienes que superponer la situación real y la planificación inicial; tal y cómo se muestra en las siguientes figuras:

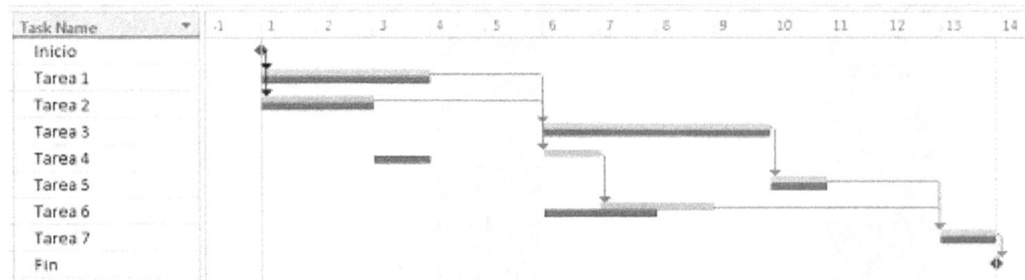

Esta figura corresponde a un cronograma actualizado que muestra en la mitad superior de la barra la situación real de las tareas, y en la inferior, en negro, el cronograma inicial. Puedes ver que hay algunas tareas atrasadas, aunque se sigue cumpliendo la fecha de finalización del proyecto se definió en la planificación inicial. Por lo tanto, se trata de un atraso sin efecto a nivel del proyecto.

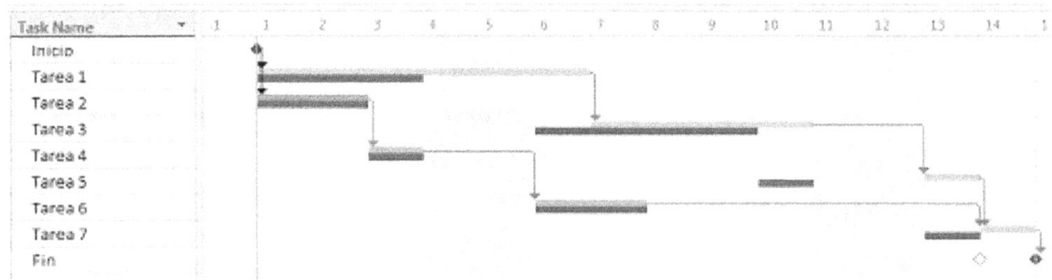

En este segundo ejemplo también se muestra la situación real de las tareas en la mitad superior de la barra, y la planificación inicial en la inferior en negro. A diferencia de la primera figura, puedes ver que existe un atraso en la fecha de entrega del proyecto.

En consecuencia, el atraso de las tareas 3 y 4 del primer cronograma puede ser asumido por el proyecto sin problemas (dejando de lado otras consideraciones); mientras que el atraso de la tarea 1 no puede ser asumido. Esto es así porque la tarea 1 forma parte del camino crítico del proyecto, por lo que cualquier atraso en estas tareas afectará a la fecha de finalización.

Recurso.

Para poder planificar y seguir correctamente el cronograma del proyecto es indispensable disponer de una herramienta de planificación de proyectos. Hacerlo a mano solo es factible en proyectos muy pequeños.

Aquí puedes ver una lista de programas https://www.recursosenprojectmanagement.com/software-de-planificacion/

Cuando he escrito "dejando de lado otras consideraciones" me refería al efecto que estos atrasos pueden tener sobre los riesgos, la disponibilidad de recursos, etc. Una tarea que no sea crítica puede atrasarse sin problemas; pero puede ocurrir que en las nuevas fechas no haya disponibilidad de los recursos necesarios, generando un atraso mayor que finalmente puede afectar al proyecto. O en las nuevas fechas puede existir un riesgo al ejecutar la tarea, lo que implicará reevaluar el análisis de riesgos.

Por último, quedaría responder a la pregunta: ¿Cuánto tiempo adicional se requiere para completar las tareas en curso? Si has intentado preguntar esto a la persona que está ejecutando la tarea verás que suele ser difícil conseguir una respuesta veraz; para conseguirlo te sugiero dos métodos:

1_ El primero está ligado con la evaluación del alcance que verás más adelante. Si tienes forma de cuantificar el avance de la tarea, por tanto, puedes cuantificar lo que queda por hacer, con una regla de tres puedes estimar su duración.

Ejemplo.

Imagínate una tarea con una duración planificada de 5 días. Al finalizar el primer día ves que solo se ha conseguido ejecutar un 10% del alcance, en lugar del 20% que correspondería asumiendo un avance lineal. Bajo esta suposición, necesitarás 9 días adicionales para completar el 90% restante. Por lo tanto, la tarea se atrasará en 5 días.

2_ En muchas ocasiones las tareas no presentan un avance lineal o no es tan simple cuantificar el porcentaje ejecutado. En estos casos solo te queda recurrir a la persona responsable de ejecutar la tarea y preguntar; el truco es saber cómo preguntar. Te sugiero que preguntes directamente cuanto se tarda en completar el trabajo pendiente en lugar de preguntar cuándo acabará la tarea. La segunda pregunta suele tener por respuesta la fecha de fin planificada para evitar dar explicaciones, con la primera conseguirás respuestas más fiables.

<u>Para el coste</u>

¿Cuánto lleva gastado el proyecto?

¿Cuánto se va a costar completar el trabajo pendiente?

¿El coste final del proyecto cumplirá con el presupuesto?

El primer paso para poder seguir y controlar los costes del proyecto es aprender cuales son los principales conceptos involucrados; los cuales te resumo en el siguiente gráfico.

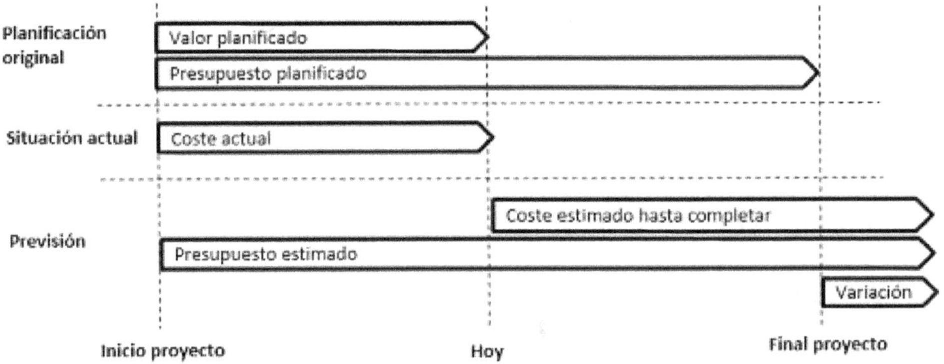

1_ Valor planificado. Es el coste presupuestado al inicio del proyecto, durante la planificación, para el total del trabajo realizado hasta la fecha. Para calcularlo debes usar los mismos criterios de imputación de costes que usaste para calcular la línea base o sacar el valor directamente de esta.

2_ Coste actual. *¿Cuánto lleva gastado el proyecto?* Son los costes incurridos hasta la fecha, incluyendo los compromisos de pago ya adquiridos por trabajos realizados, aunque el pago no se haya efectuado. Explicado de otra forma, si has contratado a un proveedor para una determinada tarea, y esta se ha completado, a nivel del proyecto es un coste que ya debes considerar.

Este coste suele recopilarse a través de herramientas de contabilidad y/o el registro de horas trabajadas de la empresa.

3_ Presupuesto planificado. Es el valor del presupuesto que calculaste en la fase de planificación para el total del proyecto. Recuerda que este ya consideraba el margen debido a la variabilidad de las estimaciones, pero no el margen por riesgos. Los riesgos se tratan a parte como verás más adelante.

4_ Coste estimado hasta completar. *¿Cuánto se va a costar completar el trabajo pendiente?* Es el coste de todas las tareas que quedan por completar hasta la finalización del proyecto, considerando el valor estimado en la fase de planificación.

En su mayor parte este valor debe ser igual a lo que estimaste inicialmente, pero debes estar atento a posibles variaciones debido a nuevas tareas, cambios en el coste de materiales, mayor dedicación a las tareas en curso, etc.

5_ Presupuesto estimado. Es el coste estimado del proyecto cuando finalice, considerando la situación actual. Se calcula como la suma del coste actual y el coste estimado hasta completar.

Si comparas el presupuesto planificado con el presupuesto estimado hasta completar obtienes la variación en costes estimada al final del proyecto. Si esta es positiva es que el proyecto tendrá sobrecostes, si es negativa es que te sobrará dinero.

Consejo.

Si te sale negativa repasa los cálculos, en el mundo real las desviaciones suelen ser par mal.

Lo más recomendable es que realices este análisis de forma periódica, esto te permitirá tener una gráfica que muestre la evolución de los costes a lo largo del proyecto en comparación con la línea base de costes. De esta forma puedes ver cuando se producen desviaciones y si las contramedidas aplicadas están corrigiendo el problema.

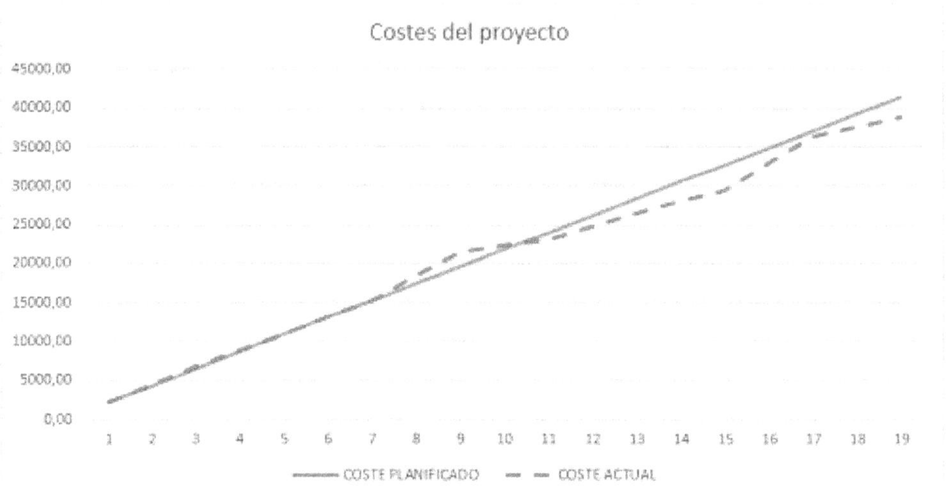

Si lo consideras necesario, puedes aplicar este control sobre una tarea o paquete de trabajo en particular; siempre que este sea suficientemente importante dentro del proyecto como para evitar caer en la micro-gestión. No olvides que lo importante es que el proyecto en su conjunto cumpla con el coste, por lo que puedes compensar los sobrecostes en una parte con los ahorros de otra.

<u>Alcance</u>

La tercera de las variables que debes controlar a lo largo del proyecto es el alcance, tanto en el sentido de estar haciendo lo que se planificó como en relación con la calidad de ejecución. Por lo tanto, las preguntas a hacerte son:

¿Se están ejecutando las tareas que se planificaron?

¿Los entregables cumplen con los requisitos?

¿Es necesario incorporar o quitar tareas?

Igual que con las otras dos variables, necesitarás partir de una referencia: en este caso el diccionario de la WBS y la lista de entregables. El primero describe los paquetes de trabajo que deben ejecutarse, la segunda los entregables que debe generar el proyecto y sus características.

Debes usar ambos documentos a modo de lista de control, aceptando algo como hecho solo cuando se confirme que cumple con los requisitos y la calidad requerida, o cuando haya sido formalmente aceptado por el cliente o usuario final si corresponde. Todo lo que no cumpla con este criterio lo deberías rechazar, ya que estarías aceptando como hecho cosas que necesitarán trabajos adicionales. Más adelante hay un capítulo que trata sobre la aceptación.

Aquí es importante recordar el concepto de calidad en un proyecto. La calidad es conseguir los requisitos solicitados para el producto resultante, independientemente de cuales sean estos requisitos. Por lo tanto, la calidad no es hacerlo lo mejor posible, sino de acuerdo a lo solicitado. ¿Te acuerdas del ejemplo del Rolls Royce?

Cómo te he comentado previamente, esta guía considera un proyecto gestionado de forma tradicional; pero es bueno que sepas que existen metodologías que te permiten hacer estos análisis de forma más objetiva. Las más conocidas son Cadena Crítica y Valor Ganado.

No está dentro del objetivo de esta guía explicar estas metodologías; talvez en otro libro. Pero puedes profundizar en ellas en los siguientes enlaces:

Recursos.

Si quieres saber más sobre el análisis de plazos con Cadena Crítica visita https://www.recursosenprojectmanagement.com/uso-protecciones-en-cadena-critica/

Si quieres saber más sobre la evaluación de plazos con el método de Valor Ganado visita https://www.recursosenprojectmanagement.com/control-de-plazos-con-earned-value-method/

Definir contramedidas

Hasta aquí los pasos ejecutados han consistido en identificar el estado del proyecto en el momento actual, y compararlo con él que tendría que ser según la planificación, detectando posibles desviaciones y sus implicaciones a nivel del proyecto.

Cuando estas implicaciones puedan ser asumidas por el proyecto sin ninguna acción adicional, a veces incluso dentro de un mismo paquete de trabajo, no sería necesario hacer nada. Pero puede ocurrir que la desviación sea más significativa e implique que el proyecto no pueda cumplir con alguno de sus objetivos o restricciones. En este caso te tocará definir alguna contramedida.

Ya puedes suponer que existen tantas contramedidas como casos, por lo que no es posible definir una de forma genérica. Pero sí que puedes aplicar una serie de pasos para definir estas contramedidas de forma más sistemática:

1_ Definir y acotar el problema. No es lo mismo decir que el proyecto se atrasará, que decir que el proyecto se atrasará en X días debido a un atraso en una determinada tarea. Lo segundo es mucho más acotado y por tanto más fácil de solucionar.

2_ Analizar y determinar la causa raíz. Algunas desviaciones pueden ser fortuitas, pero otras se deben a motivos que seguirán causando desviaciones en el futuro. Analizar la causa que ha producido la desviación te ayudará a definir mejor la contramedida.

Ejemplo.

Imagina que la puesta en marcha de la primera unidad, de una serie de equipos a entrega, lleva más tiempo que el planificado porque deben corregirse problemas. Una opción sería mandar más personal en las siguientes entregas para poder hacer estos trabajos en el plazo definido.

Pero si este desvió en el gasto de horas es debido a que el equipo salió de la fábrica con problemas, la contramedida debería incluir alguna acción a nivel de calidad para reducir los problemas en origen. De no hacerlo, la desviación en coste se incrementará a lo largo de las siguientes entregas, y únicamente estarás corrigiendo la desviación en plazo.

Obviamente van a existir causas fortuitas que no requieran analizar el origen, pero en este caso conviene que estés seguro/a de que es algo fortuito.

3_ Definir y evaluar las contramedidas, buscando corregir la desviación sobre el valor final. Para evaluar las diferentes contramedidas puedes usar técnicas de predicción.

En el punto anterior has visto como se detectaban las desviaciones comparando la situación real con la planificada. Si modificas la situación planificada aplicando la contramedida que quieres analizar, puedes ver si esta va a tener el efecto deseado y cuantificar este efecto.

Ejemplo.

Imagina que tienes el siguiente cronograma, y que al quinto día del proyecto te das cuenta que la tarea 1 va a llevar un día de lo previsto; atrasando la fecha final del proyecto porque esta forma parte del camino crítico.

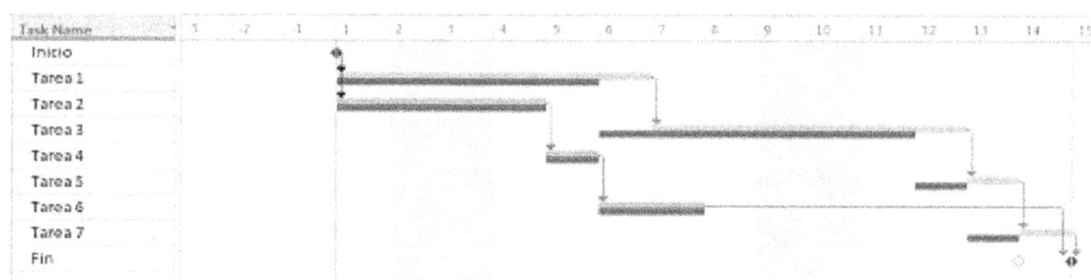

Una posible contramedida sería pasar recursos de la tarea 6, que aún no ha empezado, a la tarea 3 para reducir su plazo en un día.

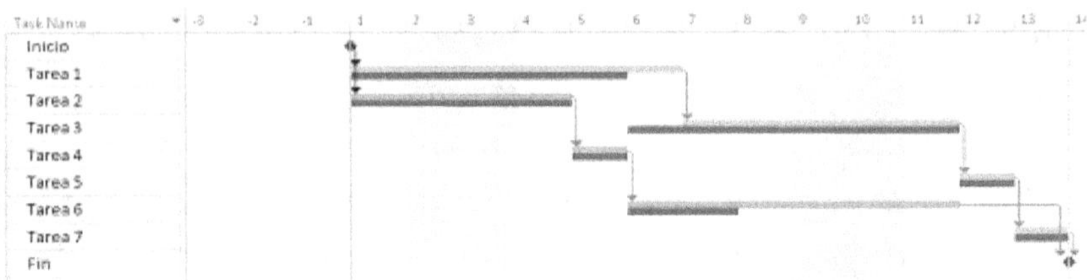

Fíjate que, en este caso, aunque se alarga el plazo de la tarea 6, se consigue cumplir con la fecha final. Por lo tanto, tendría sentido aplicar esta contramedida porque solucionaría el problema. Pero si los recursos se hubiesen quitado de la tarea 4, el problema no se habría solucionado, ya que esta también forma parte del camino crítico. Por eso es bueno hacer estas predicciones.

Pero ¿qué ocurre si no se puede corregir la desviación?

No es realista pensar que todas las desviaciones pueden corregirse; a veces solo será posible evitar que estas se incrementen, debiendo aceptar que al final no se cumplirá totalmente con los objetivos o restricciones iniciales. La forma de proceder y las consecuencias van a depender de cada caso en particular, siendo posible establecer unas pautas generales:

1_ En desviaciones pequeñas que no afecten a las motivaciones detrás del proyecto (acuérdate que te hablé sobre ellas en los capítulos iniciales), lo habitual es aceptar la desviación y cubrir esta con los márgenes que aún le queden al proyecto: margen por variabilidad de las tareas que aún no se han ejecutado o margen por riesgos que al final no ocurran.

En estos casos también puedes ocurrir que el proyecto cumpla con el alcance y plazo, pero sin conseguir el resultado económico esperado por la dirección; lo que no significa tener pérdidas. En este caso debes informar a la dirección; ya que formalmente esta debe decidir si continuar, pero lo habitual es hacerlo.

2_ El caso más crítico es cuando veamos que el proyecto no va a poder conseguir los objetivos o va a acabar con pérdidas. En este caso debes informar a la dirección y/o cliente para que vuelva a evaluar la viabilidad del proyecto, ya que puede darse el caso de que este ya no sea necesario y se proceda al cierre. En el capítulo de cierre te explicaré cómo se cierran los proyectos cuando estos no llegan a completarse.

Informar y seguir las contramedidas

Una vez hayas definido la contramedida debes reflejarla en los documentos de la planificación; ya que lo más habitual es que esta implique cambios en la asignación de recursos, cambios en tareas, ajustes de plazos, etc. Con ello conseguirás una nueva versión de la planificación que vuelva a mostrar una forma factible de conseguir los objetivos del proyecto.

A efectos prácticos, esta nueva planificación sustituye a la anterior, por lo que debe distribuirse y comunicarse a los miembros del equipo de trabajo; tanto directamente a las personas afectadas por la modificación, como al resto del equipo e interesados mediante las reuniones de seguimiento del proyecto.

A partir de este punto, el seguimiento de la contramedida se hace igual que con cualquier otra tarea del proyecto; ya que una vez incorporada a la planificación, esta no difiere del resto a nivel de gestión.

2.14. CÓMO GESTIONAR LOS CAMBIOS

Los primeros enemigos que vas a tener durante la ejecución del proyecto son los cambios; los cuales suponen uno de los principales motivos de fracaso si no se controlan correctamente.

Un cambio es todo aquello que modifique las restricciones u objetivos iniciales del proyecto; siendo lo más habitual la modificación del alcance o sus características, solicitar un entregable nuevo o diferente al inicial, y de coste, reducir el coste final por falta de presupuesto.

En proyectos ejecutados de forma progresiva o por etapas, también se considera un cambio la modificación de los puntos o entregables aceptados al final de las etapas anteriores, los cuales son el punto de partida y definen el trabajo durante la etapa en curso.

Consejo.

Aunque teóricamente cualquier modificación de este tipo se consideraría un cambio, y los más puristas estarán en contra de las siguientes palabras; en la práctica solo suelen tratarse como modificaciones aquellas que implican un trabajo adicional significativo. Si son de pequeña importancia suelen aceptarse sin hacer todo el proceso que te explicaré a continuación; ya que es más costoso hacerlo que aceptar el cambio. También puedes saltarte este proceso cuando por motivos de relación con el cliente sea bueno tener un gesto hacia este.

Sé que son criterios subjetivos, pero como director/a de proyectos también debes aprender a tratar con clientes y desarrollar un poco la visión comercial.

No se consideran cambios las tareas para corregir entregables o aplicar contramedidas para recuperar atrasos del proyecto; lo cual debe considerarse como el resultado de una mala gestión de la calidad, una mala identificación del alcance, o problemas de gestión del proyecto.

Un aspecto importante que debes tener en cuenta es que todo cambio supone una perturbación en el proyecto, y por lo tanto un riesgo. Es por ello que los deberías evitar en la medida de lo posible, principalmente aquellos que incrementen o modifiquen el alcance sin suponer una mejora en el resultado final, o que no estén alineados con los objetivos y motivaciones del proyecto.

Sobre el papel es simple decir esto, pero en la realidad, muchas veces es complicado no aceptar determinados cambios debido a quien los solicita, o en proyectos para terceros donde se factura en función del volumen del trabajo ejecutado.

En estos casos es importante recordar que lo que pone en riesgo el proyecto son los cambios no que no se acompañan de los recursos necesarios para su implementación (presupuesto y/o plazo adicional). Por ello, en la práctica, el director/a del proyecto debe asegurar que todos los cambios pasan por el proceso de análisis y aprobación, evitando que se "cuelen" cambios. Siendo claves los siguientes puntos:

1_ Definir desde el inicio del proyecto el proceso de gestión de los cambios a seguir.

2_ Saber quién aprueba un cambio. En proyectos internos suele ser la persona de la dirección que aprobó el proyecto (en teoría de proyectos se llama el sponsor). En proyectos externos suele ser el representante del cliente.

Proceso de gestión de cambios

Explicado lo que es un cambio, ahora toca explicar cómo deben gestionarse estos a lo largo del proyecto; lo cual verás que es bastante sistemático. En este libro te propongo un proceso basado en cinco pasos.

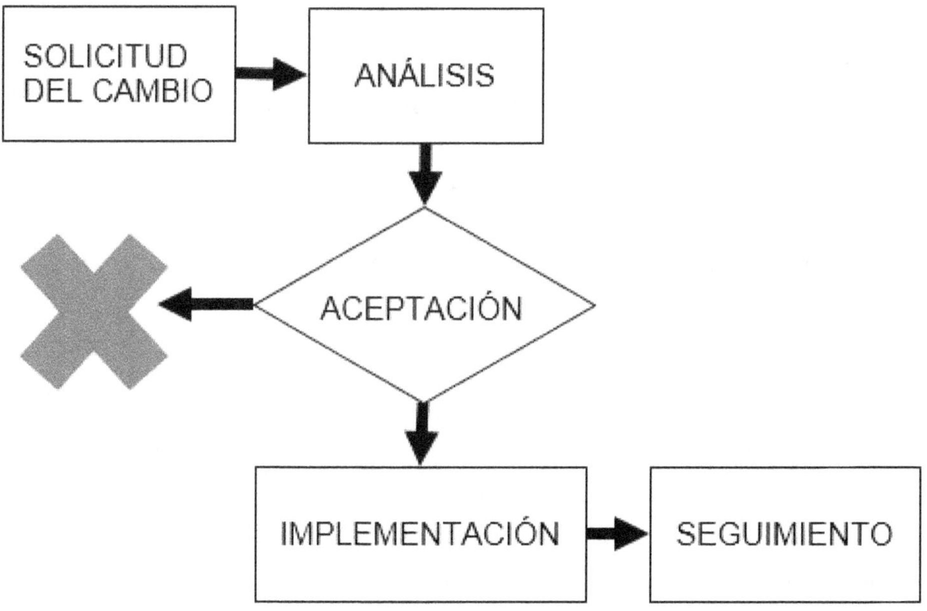

La solicitud del cambio.

Todo cambio debería empezar con una solicitud formal, la cual debe indicar de forma clara quien solicita el cambio, la descripción del cambio, y las tareas o paquetes de trabajo afectados. En la práctica, sobretodo en proyectos pequeños, la solicitud suele ser verbal o por correo electrónico, pero igualmente es importante que documentes esta solicitud. En ambos casos puedes usar el documento de solicitud de cambios.

Recurso.

Puedes descargar una plantilla de documento de solicitud de cambios en la dirección de descarga que aparece en la primera página del libro.

¿Qué debes hacer cuando recibas esta solicitud?

Para responder a esta pregunta hay dos puntos de vista.

1_ El primero diría que deberías de evitar el cambio; principalmente si este no está alineado con los objetivos del proyecto, o responde a motivaciones que pueden ser atendidas sin aplicarlo o con un cambio menor. Este sería un punto de vista proteccionista respecto al proyecto y el más alineado con lo que se defiende en la teoría.

Para llevarlo a la práctica es conveniente hablar con la persona que solicita el cambio, entender sus motivaciones y proponer alguna forma alternativa de actuar. Por ejemplo, incluir el cambio en un segundo proyecto.

Consejo.

A veces es más eficaz ir a hablar con la persona que solicita el cambio una vez se haya analizado su efecto en plazo y coste. Al indicarle que se puede hacer el cambio, pero con ciertas contrapartidas, en bastantes ocasiones verás que la solicitud se echa para atrás.

2_ El segundo punto sería aceptar el cambio siempre que también se acepten sus consecuencias en el proyecto; mayor plazo de ejecución, mayor coste, etc. Este punto de vista es menos purista, pero responde a una visión comercial del proyecto. Con esto se consiguen pedidos adicionales o aditivos que pueden ayudarte a mejorar el resultado financiero del proyecto, y se transmite una imagen de colaborador delante del cliente.

Aunque según la teoría de dirección de proyectos sería incorrecto, considero que el director/a de proyecto debe tener la suficiente flexibilidad y conocimiento de la situación del proyecto para poder aceptar pequeños cambios sin contrapartida; siempre que no impliquen incumplir el plazo o el coste final, en pro de una mejor relación con el cliente. Dejando siempre claro que se trata de un cambio y que supone un esfuerzo adicional.

En el caso de proyectos para terceros, este comportamiento puede favorecer la relación y facilitar contratos futuros, lo cual seguro que compensará esta flexibilidad.

<u>El análisis del cambio.</u>

El análisis de un cambio debe hacerse conjuntamente con los miembros del equipo afectados por este; exceptuando casos muy simples que puedas hacer tu mismo/a. Este análisis debe incluir dos aspectos:

1_ Análisis de viabilidad. Si el cambio afecta al contenido técnico del proyecto, este debe ser analizado y aprobado por el responsable técnico del mismo. Un cambio que técnicamente no sea viable quedará descartado en este punto.

2_ Cuantificación del cambio. Para poder proceder con la aprobación del cambio es necesario cuantificar su efecto sobre las restricciones del proyecto (coste, plazo, recursos, etc.). Este análisis debe ser pilotado por el director/a del proyecto, pero realizado por el equipo del proyecto, actuando de la misma forma que con las estimaciones que realizaste durante la fase de planificación.

Al finalizar este paso es importante tener cuantificados estos efectos, los cuales puedes incluir en la hoja de solicitud de cambios que empezaste a rellenar en el paso anterior.

<u>Aceptación</u>

Una vez definido el cambio y sus consecuencias, llega el momento de decidir si este cambio se aplica o no. Esta decisión le corresponde formalmente al sponsor del proyecto; lo que sería el representante del cliente en proyectos externos, o la persona en la dirección que aprobó el inicio del proyecto en el caso de proyectos internos.

En cualquier caso, la aceptación del cambio debería hacerse por una vía formal y quedar documentada. Esto puedes hacerlo mediante las firmas en la plantilla de solicitud de cambios propuesta, y/o mediante una lista de seguimiento de cambios.

Recurso.

Puedes descargar una plantilla de lista de seguimiento de cambios en la dirección de descarga que aparece en la primera página del libro.

Si el cambio no es aceptado, deberías informar a la persona que emitió la solicitud del resultado y los motivos de la no aceptación. Dar esta información es importante para transmitir a esta persona que su solicitud ha sido analizada, y evitar que continúe intentando implementar el cambio

Mantener la lista de seguimiento de cambios actualizada te permite tener un histórico de los cambios aceptados y sus efectos; y también de los cambios no aceptados, evitando así repetir el proceso si estos se vuelven a solicitar.

<u>Implementación</u>

Una vez aceptado un cambio, este debe reflejarse en los diferentes documentos de la planificación del proyecto (cronograma, presupuesto, diccionario WBS, lista de entregables, etc); por lo que estos documentos deberán actualizarse y volverse a emitir con una nueva revisión.

En función de la importancia del cambio, o de la forma de trabajar en tu empresa, la aceptación de un cambio puede exigir que se emita una modificación del pedido (lo más habitual en cambios importantes), o incluir este en una lista de desviaciones para ajustar el valor del pedido al final del proyecto o de forma periódica.

Recurso.

Puedes descargar una plantilla de lista de desviaciones en la dirección de descarga que aparece en la primera página del libro.

Los efectos en el plazo suelen mostrarse directamente en el cronograma; emitiendo una nueva versión que se distribuye a todos los interesados, incluyendo el cliente.

<u>Seguimiento</u>

En este punto es donde se enlaza la gestión de cambios con el seguimiento y control del proyecto, ya que los cambios aceptados modifican los documentos de la planificación y pasan a ser tareas adicionales que deben ejecutarse; y por lo tanto un tema más a seguir y controlar.

Si recuerdas el capítulo de seguimiento y control, una de las funciones de las reuniones de seguimiento era compartir información entre los diferentes integrantes del proyecto. Los cambios aceptados es justamente uno de los puntos que debes asegurarte de transmitir; dejando claro el alcance adicional o modificado, las fechas y plazos, y los responsables de su ejecución; vaya, lo que has hecho al finalizar la planificación con el resto de las tareas.

Siguiendo estos cinco pasos deberías poder mantener los cambios bajo control y asegurar que estos se aplican correctamente a lo largo del proyecto.

2.15. SEGUIMIENTO Y CONTROL DE RIESGOS

Junto con los cambios, los riesgos incontrolados también constituyen uno de los principales motivos de fracaso en proyectos. Por tanto, es un tema que debes seguir y controlar a lo largo del proyecto, y no quedarte con la identificación inicial como ocurre en bastantes ocasiones.

Si has hecho la identificación y cuantificación de riesgos cómo se explicaba en el capítulo correspondiente, hacer su seguimiento y control es algo simple que no debería suponerte un problema. Si recuerdas, durante la planificación del proyecto preparaste la siguiente información:

1_ El registro de riesgos, que incluye los riesgos identificados, las tareas o paquetes de trabajo afectados, su impacto en coste y plazo, y las acciones a tomar en cada caso.

2_ Identificaste mediante la matriz de riesgos aquellos que son más importantes, y por lo tanto justifican formar parte de los márgenes y que se lleven a cabo acciones. En esta fase te vas a centrar en estos riesgos.

3_ Incluiste los impactos de los riesgos relevantes en el cálculo del margen por riesgos, y este al cronograma y al presupuesto del proyecto. Consecuentemente tienes un margen de protección frente a su ocurrencia.

El primer punto que considerar cuando hagas el seguimiento de los riesgos es asegurarte que las tareas que definiste en el registro de riesgos se han o se están ejecutando.

Cómo viste, tres de las estrategias posibles para hacer frente a un riesgo eran evitarlo, traspasarlo o mitigarlo; las cuales solían tener un impacto en forma de costes o tareas adicionales. Obviamente si estas tareas no se ejecutan el riesgo sigue siendo el mismo; lo que en la práctica supone que estás aceptando el riesgo original. Por lo tanto, controla que estas tareas se llevan a cabo como planificaste.

Otro punto importante es entender que la información contenida en estos documentos es algo vivo que puede cambiar a lo largo del proyecto; por lo que el seguimiento y control de riesgos debe incluir revisiones periódicas de estos documentos.

Para realizar estas revisiones puedes aprovechar las reuniones de seguimiento del proyecto, incluyendo la revisión de los riesgos como un punto adicional en la agenda. En estas reuniones se suele invitar a las personas que están participando en el proyecto, o sus responsables, por lo que es un buen momento para repasar los riesgos asociados a las tareas en curso o próximas. Esto puede generar las siguientes situaciones:

1_ Aparición de nuevos riesgos que no se identificaron durante la planificación. Esto suele ocurrir porque a medida que avanza el proyecto se tiene más información y conocimiento de este, y también se incorporan nuevas personas con nuevos conocimientos y puntos de vista. Si esto te ocurre debes repetir los mismos pasos que en la fase de planificación: identificar el riesgo, definir la estrategia a seguir, y cuantificar su impacto.

La diferencia es que en este punto el margen ya está definido. Lo que implica que las acciones o costes adicionales deben ser absorbidos por el proyecto; y si no es posible debes notificarlo al sponsor de tu empresa y/o al cliente.

Consejos:

Realmente sería necesario notificarlo al cliente cuando el nuevo riesgo sea creado por él, por ejemplo, un atraso en una de sus tareas. En los otros casos, deberás intentar jugar con los márgenes que no se ha utilizado o modificar la planificación para absorberlo.

Si aparece un nuevo riesgo debido a que se incorpora una nueva persona, tal vez es que no se identificaron bien los interesados en la fase de planificación. Recuerda que eran una de las fuentes para identificar riesgos. Dale más importancia a los interesados.

2_ Cambios en la importancia o impacto de los riesgos. El mayor conocimiento que se adquiere a medida que avanza el proyecto también puede hacer que los riesgos se vean de otra forma; cambiando su importancia o impacto a mayor o menor.

Si el cambio es a mayor, lo que significa que el riesgo es más importante de lo que esperabas, debes actuar cómo en el punto anterior. Si tienes suerte y es a menor, talvez puedas dejar de hacer la tarea que tenías prevista y guardar el margen para otras contingencias.

3_ Y por último también pueden desaparecer riesgos. Esto ocurre poco pero ocurre; y suele ocurrir por dos motivos: que la tarea asociada al riesgo se haya completado sin haber ocurrido este, o porque se ha visto que el riesgo se había identificado incorrectamente.

Si la tarea asociada ya se ha completado sin problemas, el riesgo deja de existir y su parte en el margen podría traspasarse al margen comercial o usarse para compensar los riesgos nuevos o que vayan a peor. Yo te recomiendo lo segundo para compensar los casos en que ocurran las otras dos situaciones.

Obviamente no digo nada de las tareas que definiste junto con la estrategia para gestionar el riesgo, porque estas deberían haber empezado o ejecutado antes del inicio de la tarea asociada al riesgo. Por tanto, no suele ser posible recuperar los costes y recursos dedicados a esta; aunque puede ser posible en algún caso es finalizarla y reducir su coste.

Ejemplo.

Si para traspasar y limitar un riesgo decidiste contratar un seguro, una vez desaparece el riesgo deberías anularlo para no seguir pagándolo. Pero la tarea de contratar el seguro ya se hizo; si no es el caso, mal, el riego no se ha traspasado o limitad, aunque pensaras que si.

Todos estos cambios debes reflejarlos en el registro de riesgos y la matriz de impacto, de tal forma que estos documentos se mantengan siempre actualizados.

Y dejo para el final la parte que más suele preocupar. ¿Qué hacer si ocurre un riesgo? Pues aquí hay dos respuestas, dependiendo si el riesgo se identificó en la fase de planificación o no.

La situación fácil ocurre cuando el riesgo estaba identificado y cuantificado; ya que en este caso únicamente debes recurrir al registro de riesgos y aplicar la contramedida que definiste. La ventaja de haber analizado el riesgo con anterioridad es que ya conoces la contramedida, y esta puede aplicarse de forma inmediata, evitando tomar decisiones en una situación de pánico y estrés. A parte, debido a que los riesgos aceptados fueron considerados en el cálculo de los márgenes, dispones de plazo y presupuesto para aplicar esta contramedida.

Cuando el riesgo no estaba identificado la cosa se complica. En este caso no hay un plan de acción ni recursos para llevarlo a cabo, y debido a que los riesgos suelen venir sin avisar, tampoco suele haber mucho tiempo para analizar los impactos y las acciones a tomar. La situación es similar a una crisis, más o menos grande en función del riesgo.

Obviamente la forma en que se desarrollen los acontecimientos dependerá del riesgo; pero como norma general lo primero que debes hacer es tomar medidas para reducir el impacto sobre el proyecto y las personas afectadas, parando la actividad si fuese necesario. Como estarás haciéndolo bajo presión, debes evitar que el equipo del proyecto entre en pánico y se empiecen a tomar acciones de forma desorganizada; lo cual suele empeorar las cosas.

Una vez parado el golpe debes analizar el impacto y si este es asumible o no por el proyecto. Nuevamente si no lo puede absorber, y el alcance o alguna de las restricciones se ven afectadas, debes notificarlo a la dirección para estudiar cómo proceder.

Ejemplos:

Se produce un atraso en una tarea dentro del camino crítico del proyecto debido a que la persona que debía ejecutarla ha tenido un ataque de apendicitis. Este es un riesgo menor con un impacto relativamente fácil de absorber por el proyecto. Las acciones a tomar pueden ser esperar que se reincorpore la persona o buscar un sustituto, en ambos casos el atraso deberías poderlo absorber con el margen o comprimiendo las siguientes tareas.

Otra situación diferente es que durante las pruebas previas a la entrega de una nueva instalación haya un fuego accidental y esta se queme. En este caso el impacto es mucho más elevado, puede afectar a trabajadores y lo más probable es que no lo puedas absorber dentro del proyecto. Esto sería un ejemplo donde posiblemente el proyecto no pueda asumir el impacto.

Cómo has visto, la gestión de riesgos durante la ejecución depende mucho de haber realizado una buena planificación de riesgos, y mantener una visión a medio-largo plazo que permita identificar los posibles efectos y nuevos riesgos fruto de las acciones que se tomen en cada momento.

El secreto es intentar evitar que las cosas ocurran de forma inesperada; por ello el director/a de proyecto debe mantener siempre una visión apartada del proyecto, sin entrar demasiado en el trabajo diario; de tal forma que pueda anticipar y actuar delante este tipo de situaciones cuando sea posible.

Ejemplo.

Posiblemente pienses que el ejemplo del fuego es un caso donde no se podía hacer nada; pero la realidad es que si la instalación presenta riesgo de fuego (por ejemplo, una sala de ensayo de motores o un almacén de material inflamable), las pruebas de puesta en marcha se ven afectas por este riesgo. En este caso se pueden tomar medidas tales como tener a los bomberos cerca, contratar un seguro, empezar las pruebas por el sistema antincendios, etc. Estas acciones no evitan un fuego fortuito, pero minimizan su impacto (estrategia de mitigar).

2.16. ACEPTACIÓN

Tal vez este sea uno de los capítulos más cortos, pero no por ello él menos importante; ya que te sorprendería saber los problemas que ocurren por una mala aceptación:

1_ Entregables incompletos o incorrectos que se entregan al cliente.

2_ Etapas que deben reabrirse para modificar entregables que se consideraban como buenos y luego se descubre que no.

3_ Modificaciones por haber usado documentación antigua o no aprobada.

4_ Atrasos en la facturación o cierre del proyecto debido a no conseguir una aceptación formal, etc.

Para evitar este tipo de errores debes implementar un sistema de aceptación, interno y externo, correcto; el cual te permita confirmar que los entregables cumplen con sus requisitos y objetivos, y por lo tanto se pueden usar, pasar a la siguiente etapa o entregar al cliente.

Como ya puedes intuir, la aceptación incluye dos pasos:

1_ La aceptación interna; que es aquella que realiza el equipo del proyecto antes de entregar un entregable, formando parte del control de la calidad del proyecto. Esto no es solo válido para los entregables que vayan al cliente, sino para todos los del proyecto; ya que algunos pueden ser la base para tareas posteriores.

Ejemplo.

Los planos de fabricación que entrega ingeniería son la base para fabricar el equipo, el cual después se entrega al cliente. Aunque el cliente no valide directamente los documentos de fabricación, si estos no se corresponden con lo solicitado, el cliente no aceptará el equipo que le entregues.

2_ La aceptación externa; que es la aceptación del entregable por parte del cliente. Por lógica esta trascurre después de la aceptación interna, y solo en los entregables que se entregan al cliente.

Lo habitual si trabajas en una empresa es que ya exista un proceso de aceptación; en cuyo caso deberás aplicarlo a tu proyecto. Si no existe, la cuestión es cómo definir e implementar en el proyecto un proceso de aceptación que sea robusto.

Para ello te voy a dar una serie de requisitos que se deben cumplir para poder definir este proceso:

1_ Disponer de una buena definición del entregable. Esto debes haberlo hecho en la fase de planificación, o durante la ejecución antes de empezar las tareas para conseguir el entregable; pero en ambos casos tienes que saber las características requeridas para el entregable antes de empezar su ejecución.

2_ Definir las personas que harán la aprobación del entregable en base al punto anterior. Una forma de hacerlo es incluir esta información en la lista de entregables que preparaste durante la planificación, o usar una matriz RACI que defina estos responsables.

3_ Disponer de un sistema para controlar y documentar el estado de aprobación de cada entregable, así como la última versión que ha sido aprobada si se trata de un documento.

Una vez efectuada la aceptación interna, si el entregable debe ser entregado al cliente, empieza la aceptación externa. La aceptación externa es la que hace el cliente, y desde el punto de vista de la gestión de proyectos es importante por los siguientes motivos:

1_ Si es una entrega parcial, esta permite comprobar si vamos en la dirección correcta antes de ejecutar nuevas tareas; lo que te ayudará a controlar y confirmar que el alcance se está ejecutando correctamente.

2_ Suelen coincidir con cambios de etapa, lo que implica que permite congelar el trabajo realizado y usar este como base para las siguientes etapas, asegurando que no se dejan temas abiertos.

3_ Si el entregable está ligado a un hito de facturación, la aceptación formal de este permite emitir la factura.

Por su importancia, la aceptación externa suele hacerse de forma presencial (reunión, visita, etc.) y se documenta mediante algún documento escrito y firmado por el cliente. En entregas poco importantes puede ser un simple correo electrónico.

Recurso.

Puedes descargar una plantilla de acta de aceptación en la dirección de descarga que aparece en la primera página del libro.

Teóricamente la liberación de los recursos que participan en el proyecto se hace en la fase de cierre, aunque en la práctica suelen liberarse una vez superada la entrega y aceptación del entregable donde participaban. Esto puede verse como "cierres parciales" o como una superposición de las fases de ejecución y cierre (en el apartado anterior ya te comenté que las fases se solapan).

Aunque realices aceptaciones parciales, es importante que exista una aceptación final del proyecto. Esto es lo que te permitirá hacer el cierre formal del proyecto tal como se explica en el siguiente capítulo.

2.17. CIERRE DEL PROYECTO

Ese es el último capítulo del apartado y formalmente la última de las fases en gestión de proyectos; la cual está íntimamente ligada a las aceptaciones explicadas en el capítulo anterior. Sin aceptación no puedes proceder al cierre.

Aunque el cierre final del proyecto es el más importante, es bastante habitual y recomendable hacer cierres parciales de etapas o de entregables intermedios. Igual que ocurría con las entregas parciales, esto te permite comprobar que el proyecto avanza por el buen camino, liberar recursos, "congelar" el trabajo realizado y a veces facturar.

Si nos centramos en el cierre final, este supone el fin del proyecto, y por lo tanto oficializa la finalización de todos los compromisos; con la propia organización y con empresas y personas externas a ella:

1_ Certifica y oficializa que hemos cumplido con el alcance y los compromisos del proyecto. Lo que implica que ya no deberemos hacer nada más y que cualquier nueva solicitud debe tramitada como un nuevo proyecto, o garantía si existe.

2_ Libera totalmente el equipo de trabajo, incluido el director/a del proyecto.

3_ Supone el cierre administrativo y financiero de los contratos con proveedores y cliente, y el cierre del proyecto dentro de la empresa. Si existe garantía, esta suele gestionarse fuera del proyecto.

Si vemos el cierre como un proceso, este estaría representado por el siguiente diagrama:

1_ Conseguir la aceptación. Como te he comentado, la aceptación es el inicio del proceso de cierre.

2_ Cierre del contrato con el cliente una vez aceptado el último entregable, facturando lo que quede pendiente.

3_ Cierre de los contratos con proveedores. Igualmente debes cerrar los contratos con proveedores y gestionar los pagos pendientes.

4_ Liberación del equipo de trabajo. Lo habitual es que a estas alturas ya quede poca gente trabajando en el proyecto, pero oficialmente el cierre supone la liberación del equipo y que este pueda ser asignado a otros proyectos.

5_ Cierre financiero del proyecto. Debes asegurarte de que todas las facturas se han reflejado en la contabilidad del proyecto antes de su cierre. Dependiendo de la empresa, puede ser necesario que estas se hayan pagado antes de cerrar el proyecto, pero no es habitual. La gestión de impagados suele tratarse fuera del proyecto.

6_ Cierre administrativo del proyecto. Esto habitualmente consiste en un proceso interno para informar formalmente sobre la finalización del proyecto. Puede llevar asociado una reunión de análisis final, una encuesta de satisfacción al cliente, una celebración, etc.

7_ Lecciones aprendidas y documentación del proyecto. En varios capítulos te he indicado que puedes basarte en proyectos similares; pues aquí es donde se genera esta información, por ello es un paso importante que permite a las empresas mejorar. Muchas veces esto no se hace por falta de tiempo, pero es muy recomendable que lo hagas.

Una vez completados estos sietes pasos puedes decir que el proyecto ha acabado con éxito. **¡¡¡Felicidades!!!**

Pero quizás te quede una última pregunta. ¿Qué ocurre con los proyectos que se cierran durante la ejecución? No es frecuente, pero puede ocurrir que se acabe el presupuesto, que se vea imposible cumplir con los objetivos o restricciones, que el proyecto ya no sea necesario, etc. todo esto son situaciones que pueden conducir a un cierre precipitado del proyecto. ¿Qué hacer en este caso?

Aunque la casuística puede ser muy extensa, las características comunes en este tipo de cierres es que no se ha completado el alcance y que existe algún tipo de comunicación oficial que lo desencadena. Debido a la excepcionalidad de la situación este tipo de cierre suele estar liderado por alguien de la dirección; y la responsabilidad del director/a de proyectos se limita a parar las actividades una vez se oficialice el cierre, y a analizar, minimizar y documentar sus consecuencias.

Con esto me refiero a que las actividades en curso pueden haber generado costes y obligaciones de pago por el trabajo ejecutado o contratado, pueden existir entregables pendientes de facturar, penalizaciones por cancelación de contratos, o entregables ya completados pendientes de entregar, etc. Obviamente, todo lo que puedas cerrar dentro del proyecto mejor, pero lo habitual es que queden temas abiertos; los cuales deben ser identificados y documentados para poder negociar con el cliente la forma en que se hará el cierre, posibles reclamaciones, o ser asumidos por la empresa.

3. PRIMEROS PASOS COMO DIRECTOR/A DE PROYECTOS

Llegamos al último apartado de esta guía, el cual está dedicado a aquellos profesionales que llevan poco tiempo dirigiendo proyectos, que lo deberán hacer en breve, o que les gustaría hacerlo. En este apartado se da una serie de consejos para acompañaros en el inicio de este nuevo reto profesional.

3.1. DE MIEMBRO DEL EQUIPO A DIRIGIR EL PROYECTO

Dicho así da un poco de miedo e impresiona, pero este suele ser el camino de desarrollo profesional seguido por muchos de nosotros.

Empiezas realizando alguna función dentro del equipo de proyectos, lo haces bien y asumes más funciones o la gestión de un pequeño equipo, tu jefe está contento y llega un momento en que das el salto. Y te empiezan a hablar de costes, plazos, cambios, desviaciones, riesgos, etc........y seguro que te preguntas ¿Dónde me he metido? ¿Te suena?

Si es tu caso, bienvenido/a, ya eres uno o una más de los nuestros; y lo primero que debes asumir es que tu trabajo ha cambiado, has dejado de ejecutar para pasar a gestionar; pero manteniendo la responsabilidad sobre lo que se ejecuta en el proyecto.

Dicho de otra manera. El proyecto debe entregar el alcance solicitado, pero debe hacerlo cumpliendo con una serie de restricciones. Como director/a de proyectos eres el/la responsable de que ambas cosas ocurran, pero tu carga de trabajo estará principalmente dedicada a lo segundo; a diferencia de lo que ocurre con un miembro del equipo de trabajo que está dedicado a ejecutar las tareas que forman parte del alcance.

Obviamente este cambio de puesto te obligará a aprender y desarrollar nuevas habilidades, pero lo primero que deberás hacer es cambiar tu forma de relacionarte con los proyectos. Te doy algunos consejos:

1_ Deja de pensar como un miembro del equipo. Ahora tu función no es hacer, es hacer que otros hagan. Para poder gestionar correctamente un proyecto debes tener una visión global de todas las tareas, sus interrelaciones, los riesgos asociados, los recursos implicados, etc. Y esto suele ser incompatible con el detalle y el foco que exige ejecutar una tarea en particular; por lo que si continúas haciéndolas, perderás la visión completa del proyecto y será más fácil que este fracase.

2_ Mantén tu visión apartada del trabajo diario del proyecto. Los proyectos se gestionan en base a lo que queda (trabajo pendiente, plazo disponible, recursos disponibles, etc), y frecuentemente se ven afectados por solicitudes de cambios o la aparición de nuevos riesgos, que son dos importantes causas de fracaso. Para poder controlar y gestionar estos aspectos, debes anticiparte centrándote en el medio y largo plazo; lo que se consigue apartándote un poco del trabajo diario. Si no, solo verás el muro cuando choques contra él.

3_ Asume tu rol de integrador y comunicador. Como director/a del proyecto estás en medio de varias personas y eres su cara visible, incluso en organizaciones funcionales. Esto te obliga a interactuar constantemente con la dirección de tu empresa, el equipo del proyecto, el cliente, los proveedores, etc. Y cuando lo hagas, no solo es importante lo que haces, sino como lo haces y lo comunicas.

Cómo te he comentado, este cambio responde al hecho de pasar de ser ejecutor a gestor, aunque si trabajas en empresas pequeñas, proyectos pequeños o empresas con poca cultura en gestión de proyectos, puede que tengas que seguir participando activamente en la ejecución de tareas. Por ello, en muchos casos se busca que el director/a de proyectos conozca los temas técnicos relacionados con el proyecto.

Esta dualidad entre ejecutor y gestor puede estar justificada, sobretodo en proyectos pequeños con pocos recursos, pero debes tener claro que el tiempo que dediques a ejecutar tareas será tiempo que no dedicarás a gestionar el proyecto; por lo que será más fácil que este no cumpla los objetivos. Por ello, en la medida de lo posible, es mejor separar la ejecución de la gestión; por ejemplo, introduciendo la figura del responsable técnico o del jefe de obra, en lugar de ser el propio director/a del proyecto el/la que asuma esta función.

A medida que los proyectos van creciendo en tamaño, esta separación de tareas suele hacerse más patente, ya que el coste de una mala gestión es cada vez mayor. Aunque sigue siendo normal que el director/a del proyecto tenga una base técnica relacionada con el proyecto para facilitar la comprensión del mismo y la interacción con el resto del equipo.

En todo caso, debes conocer cuál es la cultura de trabajo de tu empresa y adaptarte a ella, recordando que siempre tienes que mantener el foco suficiente en la parte de gestión si no quieres que el proyecto fracase.

3.2. QUÉ DEBERÍAS APRENDER RÁPIDO

A parte de cambiar la forma de relacionarte con los proyectos, este cambio de rol implica adquirir también nuevas competencias o habilidades. Las más evidentes serían las propias sobre metodologías y herramientas de gestión de proyectos, las cuales se trataban en el segundo apartado de esta guía, pero también hay algunas más generales que deberás desarrollar. Entre estas destacarían:

<u>Capacidad de liderazgo</u>

Las funciones del director/a del proyecto incluyen gestionar equipos y personas, con el objetivo de que estas hagan determinadas cosas o se posicionen de determinada manera respecto al proyecto.

Fíjate que uso la palabra gestionar y no mandar, porque no son lo mismo. La situación habitual para muchos directores/as de proyectos es que su capacidad de mando sea baja; y esto suele ser así por dos motivos:

1_ Las empresas habitualmente están organizadas por funciones o de forma matricial, por lo que no suele existir una relación jerárquica con el equipo del proyecto; lo que impide mandarles en el sentido estricto.

2_ Muchas relaciones son con personas que no están trabajando para el proyecto: el cliente, la dirección, los jefes de departamento, etc. ¿Puedes mandar a alguno de ellos? Lo normal es que no.

Así, ¿cómo puedes gestionar equipos y personas sin tener capacidad de mando? La respuesta es desarrollando tu capacidad de liderar. Ser líder no es lo mismo que ser jefe, y lo bueno es que no necesitas una relación jerárquica para poder ser un líder. Ser líder se basa en el reconocimiento que te dan las otras personas y la motivación que consigas generar en ellas.

Este es un tema importante que suele preocupar cuando se asume por primera vez un cargo que implica gestionar personas. Por ello, en el siguiente capítulo te explico técnicas para que puedas mejorar tu capacidad de liderazgo.

<u>Mejorar la comunicación</u>

Como director/a del proyecto te va a tocar estar en el centro del equipo de trabajo y ser la cara visible de este; y esto implica mucha comunicación. De forma habitual deberás comunicarte con el equipo y fomentar que estos se comuniquen contigo, informar a la dirección y al cliente, recabar información de otras personas, etc. Y conseguir esto va a ser un factor determinante para la consecución de los objetivos y la facilidad con la que avance el proyecto.

Dentro de la comunicación en gestión de proyectos hay diferentes aspectos a desarrollar:

1_ La forma de comunicarte. Como en cualquier otra situación que implique comunicarse, lo que dices es tan importante como la forma en que lo dices; ya que una forma equivocada puede generar una respuesta indeseada o diferente a la que estés buscando. Es posible que ya seas un buen comunicador y no tengas que hacer nada; pero si no lo eres, te sugiero desarrollar este punto mediante cursos, libros o el comentario de amigos.

2_ La comunicación no formal. La comunicación informal es aquella que se lleva a cabo de forma no planificada (una charla en la cafetería, una llamada, etc.), por lo que acaba siendo la más frecuente y en muchos casos aporta datos relevantes. Por ello es importante que fomentes este tipo de comunicación, más ligada al ámbito personal, y que generes confianza en tus interlocutores para que puedan hablar contigo de forma abierta.

3_ La comunicación formal. Esta es la base y la parte más visible en la comunicación del proyecto. Se trata de las reuniones, documentos, informes, etc. que se generan de forma planificada y organizada para compartir información. Este es un tema importante que tuvo un capítulo dedicado en el segundo apartado de esta guía.

<u>Aprender a negociar, influenciar y convencer</u>

Esta competencia tiene bastante relación con la anterior cuando se enmarca en el ámbito de la gestión de personas, debido a que gran parte del liderazgo consiste en saber influenciar y convencer a los demás. Pero dentro de un proyecto te encontrarás otras situaciones donde deberás aplicar tu capacidad de negociación e influencia; por ejemplo:

1_ En la gestión de proveedores y sus contratos.

2_ Cuando se soliciten cambios o nuevos requisitos que harán necesaria tu capacidad de influenciar y convencer para evitarlos o reducir su impacto en el proyecto.

3_ Cuando existan conflictos entre diferentes personas implicadas en el proyecto, los cuales deberás evitar que crezcan y los acaben afectando.

4_ Etc.

A priori puede parecerte un tema complicado de desarrollar, pero lo cierto es que llevas toda tu vida tratando con personas, y seguramente algunos años tratando con colegas a nivel profesional; por lo que en el fondo se trata de usar las habilidades que seguramente ya tienes en un entorno nuevo, adaptándolas a tu nuevo rol e interlocutores.

<u>Capacidad de planificación y organización del trabajo</u>

Esta competencia coincide con una de las fases en gestión de proyectos, la planificación; ya que parte de nuestro trabajo como director/a de proyectos consiste en definir qué, cómo y cuándo deben ejecutarse las tareas para poder conseguir los objetivos.

En el anterior apartado ya te he explicado sobre planificación de proyectos; así que en este caso me estoy refiriendo a tu capacidad personal de planificar y organizar tu trabajo.

Imagina a alguien que sea desorganizado en su trabajo, que no sepa lo que tiene que hacer, que cambie de ideas frecuentemente, que no tenga visión a medio-largo plazo; ¿Crees que conseguirá transmitir confianza al equipo? ¿Crees que el equipo seguirá sus planificaciones? ¿Crees que será capaz de mantener el proyecto controlado? Posiblemente no.

Por lo tanto, para poder planificar y controlar un proyecto, lo primero es aprender a ser una persona organizada. De esta forma transmitirás mayor confianza y cometerás menos errores, lo que hará que la gente acabe confiando más en ti e incremente tu capacidad de liderazgo.

Mejorar tu capacidad de planificar y organizar también te ayudará a mantener las cosas bajo control y manteniendo la calma, lo cual es importante tanto a nivel personal como profesional.

Los proyectos tienen la tendencia a no querer seguir la planificación; continuamente aparecen desviaciones, solicitudes de cambios, imprevistos, se materializan riesgos, etc. por lo que parte de tu trabajo será detectar y gestionar estas situaciones.

<u>Conocer la jerga de la gestión de proyectos</u>

La dirección de proyectos incluye algunas palabras, tales como línea base, cronograma, diagrama de tareas, costes actuales, costes planificados, riesgos, etc., las cuales inicialmente pueden parecerte chino.

Aunque parezca obvio, aprender estas palabras específicas es muy importante para poder hacer tu trabajo, ya que todos van a dar por hecho que las conoces y esperaran que las uses. A parte, usar el vocabulario adecuado te ayudará a mejorar tu imagen como director/a de proyectos, reducirá los errores por confusiones y facilitará las comunicaciones dentro del proyecto.

Ejemplo.

Si usas la palabra margen en una discusión sobre las finanzas del proyecto, debes definir si se trata del margen por riesgos o el margen comercial. Lo primero forma parte de tu presupuesto y no hay problema en gastártelo, pero si empiezas a gastar el margen comercial significa que el proyecto está teniendo sobrecostes.

<u>Conocer el sector y el negocio</u>

Como has visto en el primer apartado, existe una relación directa entre la motivación que crea el proyecto y el negocio de la empresa (o del cliente si tu proyecto es para terceros), por ello es recomendable que conozcas el sector y el modelo de negocio donde se desarrolla el proyecto.

Esto es importante por varios motivos, de los cuales destacaría cuatro:

1_ Cumplir con la motivación o la oportunidad que genera el proyecto es a veces más importante que cumplir con el alcance inicial; ya que en algunos casos los cambios e imprevistos harán que esto no sea posible. Si conoces el sector y el negocio, podrás priorizar y replantear los objetivos de forma que el proyecto siga siendo útil y viable.

2_ En la mayoría de los proyectos vas a necesitar tratar con clientes y proveedores; y la forma de trabajar y negociar puede ser diferente de un sector a otro. No es lo mismo un proyecto de construcción residencial donde tengas que trabajar con empresas instaladoras o de albañilería, que el desarrollo y puesta en producción de un componente para el sector automoción.

3_ En ciertos ámbitos puede existir la necesidad de solicitar permisos o presentar documentos a ciertas administraciones; lo que suele cambiar de un sector a otro, de un tipo de proyecto a otro, y también en función de dónde o para quién hagas el proyecto. Debido a que cumplir con estos trámites es obligatorio, deberás considerarlos e incluirlos en la planificación, lo que te obligará a conocer como se trabaja en tu sector.

4_ Finalmente, destacar que como director/a de proyectos eres la persona de contacto frente al cliente, lo que en proyectos para terceros significa que deberás participar en negociaciones comerciales o discutir modificaciones del contrato durante la ejecución; lo cual vuelve a requerir conocimientos del negocio y sector donde trabajes.

<u>Capacidad de anticipación y resolución de problemas</u>

Es habitual que a lo largo de la ejecución del proyecto aparezcan pequeños imprevistos, desviaciones, nuevas solicitudes, dudas, conflictos, etc. Esto es totalmente normal y no supone un problema mientras se consigan controlar a tiempo. Pero si se dejan crecer o se detectan demasiado tarde, pueden pasar a ser un problema importante y poner en riesgo el éxito del proyecto.

Para evitarlo debes aprender a estar atento/a a estas situaciones; detectarlas lo antes posible, o mejor, anticiparte a ellas, de tal forma que puedas evitarlas o definir y aplicar la contramedida adecuada en cada caso. Por lo tanto, estamos hablando de dos cosas: la detección y anticipación de las situaciones, y su resolución.

La detección y anticipación se basan en un control sistemático del proyecto, y en tu capacidad de visualizar posibles efectos y situaciones futuras:

1_ El control sistemático consiste en hacer un seguimiento periódico y formal del proyecto que te permita, mediante métricas, detectar posibles desviaciones. Esto se ha tratado en el apartado anterior.

2_ La visualización se basa más en la práctica, el seguimiento informal y el sentido común; pero parte de una buena comunicación informal con el equipo y de pensar en el efecto que cada situación pueda tener sobre los aspectos más importantes del proyecto; tales como: el cronograma, los costes, los riesgos, la disponibilidad de recursos, etc.

Una vez detectado un problema, o un potencial problema, debes definir la forma de solucionarlo o evitarlo; sin que haya una solución para todo. Para ello la experiencia es importante y por suerte cuentas con un equipo a tu lado que puede ayudarte; siempre que les expliques y convenzas de la existencia de este problema. De nuevo entra en juego el liderazgo.

Consejo.

Una forma de evitar o prever problemas es revisar que todo está suficientemente bien definido antes de iniciar una nueva tarea o etapa; ya que las indefiniciones suelen ser un buen indicador de donde pueden ocurrir problemas en el futuro.

<u>Aprender a definir y administrar presupuestos</u>

Aunque la palabra presupuesto se asocia normalmente a coste, aquí la utilizo de forma más amplia, ya que el plazo de una tarea puede considerarse como su tiempo presupuestado. Por lo tanto, este punto debes entenderlo como aplicable a cualquier aspecto que requiera de definir y controlar cantidades. En gestión de proyectos lo más habitual es que esto ocurra en la gestión de costes y gestión de plazos, aunque no exclusivamente.

En el anterior apartado ya te he explicado cómo estimar y hacer el seguimiento mediante diferentes estrategias. Pero aquí trataré este tema desde el punto de vista del cambio de mentalidad; ya que al pasar de miembro del equipo a director/a del proyecto tu forma de ver estos temas y la importancia que les das debe ser diferente.

Hasta ahora seguramente sabias que no podías usar más de cierta cantidad de horas o que el precio de lo que diseñabas o comprabas no podía superar cierto valor. En ambos casos estamos hablando del valor o plazo planificado para una tarea en concreto, lo cual, en parte, deja de ser relevante a nivel del proyecto.

Esto tal vez esto te sorprenda. El motivo es que los proyectos suelen definirse y controlarse por paquetes de trabajo, y no por tareas individuales. Por ello el foco debe estar en controlar el valor total del paquete y ver si con la cantidad restante vas a poder completarlo. El motivo es que suele ser complicado presupuestar tareas muy interrelacionadas, así como evitar que los costes de unas se imputen a otras; por lo que aunque te bases en estimaciones independientes para cada tarea, en la práctica es más fácil controlar grupos de tareas, buscando que las desviaciones se compensen entre ellas.

Ejemplo.

Imagina que se tiene que construir una pequeña pared de ladrillo, enyesada y pintada, y que todo lo hace una misma empresa. Posiblemente esta te haya dado un presupuesto desglosado, pero ¿Para ti es realmente importante lo que cueste o dure cada parte del proceso mientras entreguen la pared a tiempo y bien acabada?

O si pides un diseño que se compone de 10 planos a ingeniería, ¿Es importante para ti saber cuántas horas se han dedicado a cada plano en concreto? Imagina que el ingeniero decide incluir cierta información en un plano simplificando otro. En este caso, gastará más tiempo en el primer plano y menos en el segundo, aunque el resultado final será el mismo.

Consejo.

El tema de controlar la cantidad en base a lo que resta va más allá de una tarea o un conjunto de tareas; ya que es aplicable a todo el proyecto.

Por ello es importante que desarrolles una mentalidad ahorradora durante la ejecución. Todo lo que puedas reducir de cada tarea en ejecución, es margen extra que tendrás para el resto del proyecto.

3.3. CÓMO APRENDERLO Y DE QUIEN

Ahora que sabes cuales son las capacidades principales necesarias para dirigir un proyecto, seguro que te surgen algunas preguntas ¿Dónde las consigo? ¿Quién puede ayudarme?

La respuesta fácil sería decirte que participaras en un curso o máster en gestión de proyectos; pero la verdad es que la mayoría se centran en las técnicas de gestión de proyectos y no cubren estos aspectos. De todas formas, no deja de ser recomendable mirar en la amplia oferta de cursos y masters existentes, ya que posiblemente encuentres alguno que te sirva.

Como alternativa a la formación tradicional, existen una serie de fuentes de ayuda y conocimiento que también puedes aprovechar; sobre todo si estás empezando. De estas destacaría:

1_ Libros. Obviamente los libros, como este que estás leyendo, son una fuente de conocimiento a la que puedes recurrir. La ventaja es que existen multitud de ellos y es fácil encontrar alguno que cubra el tema que te interese. A parte, mediante su publicación en formato electrónico, son de fácil acceso y tienen un coste relativamente bajo.

2_ Compañeros. En este caso se incluyen tanto los compañeros que puedas tener dentro de la empresa como los que puedas encontrar en asociaciones profesionales, grupos de dirección de proyectos, etc. En general se tratará de personas que tienen más experiencia que tú en estos temas y que por lo tanto te puedan asesorar o puedes usar como referencia.

3_ Responsable directo. Como director/a de proyectos habitualmente reportarás a alguien, el cual también responde indirectamente por tu trabajo. A parte, si hace poco que has asumido el cargo, seguramente esta persona te habrá aceptado o propuesto. Por ello debería ser una persona a la que poder recurrir cuando tengas dudas o necesites ayuda sobre temas relacionados con tu trabajo, principalmente cuando empiezas a asumir el cargo.

4_ PMO. La PMO es la oficina de gestión de proyectos, la cual se encarga de supervisar y coordinar los aspectos relativos a la gestión de proyectos. Si bien es cierto que muchas empresas no tienen esta oficina, sí que suele existir alguien que asuma esta función, lo que vendría a ser el caso anterior. En cualquier caso, es un lugar donde puedes recurrir en busca de varios tipos de información: herramientas y procesos de gestión de proyectos, ejemplos para basar tus estimaciones y planificaciones, e información específica sobre el sector, negocio y forma de trabajar, etc.

5_ Proyectos anteriores. Cuando no exista una PMO, o incluso como complemento a esta, los proyectos anteriores son una buena fuente de información y referencia para poder planificar los nuevos, y aprender aspectos propios del sector y la empresa donde trabajas. Si hay alguno similar al tuyo, su director/a puede ser un compañero/a muy valioso para solicitarle ayuda o información.

6_ Mentores. Esta es una figura que empieza a aparecer en algunas empresas para que los trabajadores más experimentados ayuden a los nuevos. Aunque no sea el caso de tu empresa, es un tipo de ayuda que puedes buscar; bien con algún compañero que sepas que está dispuesto a ayudar, el propio sponsor del proyecto (como parte interesada en que este sea un éxito), o buscándolo fuera.

Estas son algunas de las fuentes a las que puedes recurrir, pero seguro que hay más. Lo importante es que busques ayuda y desarrolles tus capacidades y habilidades lo más rápidamente posible.

3.4. MEJORAR LA CAPACIDAD DE LIDERAZGO

¿Qué es el liderazgo?

El liderazgo se puede definir como el conjunto de capacidades y cualidades personales que permiten guiar e influenciar sobre otras personas, independientemente de la jerarquía o posición de poder que tengas sobre ellas.

Esta capacidad de influir y guiar sin recurrir a la jerarquía o a una posición de poder es algo muy importante en gestión de proyectos por diferentes motivos:

1_ Habitualmente no tendrás autoridad o poder suficiente como para imponerte sin convencer.

2_ Incluso si las tuvieras, tampoco es recomendable basar la gestión de personas en ellas. Usar una posición de poder para imponer algo suele dañar la relación, lo que puede generar problemas en el futuro si vuelves a trabajar con esta persona.

3_ La implicación y la motivación de las personas es muy importante para conseguir buenos resultados en los proyectos, y estas solo se consiguen mediante el liderazgo.

Basándonos en los estudios sobre liderazgo de personas hechos por Hersey y Blanchard, existen cuatro estilos de liderazgo que puedes aplicar en función de cada persona y situación:

1_ Control. Este estilo de liderazgo se basa en dar instrucciones precisas y supervisar que la persona las realiza correctamente. Por lo tanto, es un estilo de liderazgo donde asumes toda la responsabilidad en términos de definir el qué y el cómo se ejecuta una determinada tarea.

2_ Instruir. Se puede definir como un estilo de liderazgo similar al control, pero ejecutado de una forma más leve. En este caso existe un dialogo con la persona para definir el qué y el cómo ejecutar la tarea, aunque sigues asumiendo el rol principal.

3_ Soportar. Este estilo implica actuar como mentor, ayudando a la otra persona a ejecutar la tarea. La definición del qué hacer y el cómo hacerlo se suele hacer en conjunto.

4_ Delegar. Cuando delegas, el qué y el cómo pasan a ser responsabilidad de la persona a la que diriges, y tu asumes un rol más pasivo sobre la situación.

¿Cuándo puedes usar cada uno de estos estilos?

Lo primero que debemos aclarar es que lo habitual es usar los cuatro estilos dependiendo de la tarea y la persona; por lo que no hay una forma mejor que otra de ejercer el liderazgo. Tendrás que juzgar cada caso y decidir cómo actuar. Con la práctica seguro que mejoras.

Puedes elegir un estilo de liderazgo u otro en función de dos parámetros:

1_ Orientación de la persona respecto a la tarea. Esto es el interés o motivación de la persona en la tarea que va a ejecutar. Si la persona está motivada para hacer una tarea, la ejecutará con menor supervisión y tendrá más ganas de participar de ella; por lo que puedes plantear usar estilos de liderazgo que den más libertad a esta persona.

2_ Madurez de la persona. A parte de la motivación, también debes evaluar su capacidad y experiencia para realizar la tarea. Un profesional que está empezando puede tener muchas ganar de hacer algo, pero debido a su falta de experiencia va a necesitar una supervisión y control mayor que un profesional experimentado.

En base a estos dos parámetros puedes situar cada persona en uno de los cuatro cuadrantes del siguiente gráfico, el cual te indicará el estilo de liderazgo más conveniente en cada caso.

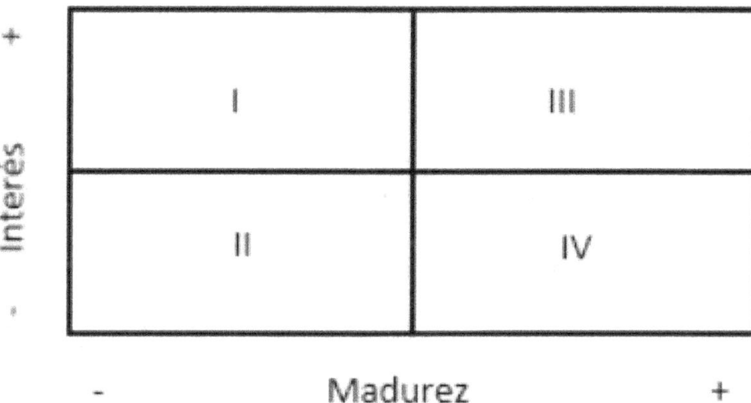

1_ Cuadrante I. La persona está muy motivada en realizar la tarea, pero tiene poca madurez. En este caso lo más recomendable sería la instrucción o el soporte (en función de la experiencia de la persona). Lo que implica definir lo que se tiene que hacer y controlar la ejecución, pero dejando a la persona una cierta libertad para que se sienta participe de la tarea y pueda dar salida al interés que tiene.

2_ Cuadrante II. Aquí tenemos una persona que no tiene interés ni madurez para ejecutar una determinada tarea. En este caso lo primero que deberías plantear es la posibilidad de reasignar la persona a otro proyecto, lo cual no siempre es posible. En este caso el estilo de liderazgo más apropiado es el control.

3_ Cuadrante III. Esta es la mejor situación que puedes tener: una persona interesada en la tarea y con la madurez necesaria para ejecutarla correctamente. En este caso el estilo más adecuado es delegar; ya que no solo reducirás tu carga de trabajo, sino que aprovecharás al máximo el potencial de la persona.

4_ Cuadrante IV. Este caso corresponde a una persona muy capacitada para hacer el trabajo, pero sin interés en hacerlo. Aquí el estilo de liderazgo a aplicar vuelve a ser el control, aunque dejando libertad a la persona en lo relativo a definir el cómo ejecutar la tarea para aprovechar su madurez.

Cómo ya debes haber intuido, los mejores resultados los conseguirás cuando consigas que la persona se situé en los cuadrantes I y III, lo cual depende de su motivación y será tu reto a la hora de liderarla

¿Cómo mejorar la capacidad de liderazgo?

Para mejorar tu capacidad de liderazgo sobre una persona, o grupo de personas, debes trabajar sobre su motivación. Existen tres fuentes de motivación:

1_ Motivación primaria. Esta motivación es la que se da cuando alguien quiere participar en una tarea o seguir unas directrices por motivos de ámbito personal, tales como disfrutar haciéndolo, el deseo de participar, la curiosidad de hacer lo solicitado, etc.

2_ Motivación secundaria. Esta motivación también parte de la propia persona, pero no surge de sus intereses personales, sino de intereses más generales. Entre estos intereses podemos destacar el formar parte de un proyecto/tarea que se considera importante, el sentido de cumplir con la obligación, el interés de mantener una buena relación, etc.

3_ Evitar una situación peor. Este motivo se basa en la idea de que, si no se hace lo solicitado, las consecuencias serán peores. Por lo tanto, es una motivación que parte del miedo a las consecuencias de no hacer algo; tales como ser despedido, un efecto negativo en la carrera profesional, etc.

Una motivación primaria sería la que todos tenemos en nuestras aficiones, las hacemos porque nos gustan. A nivel laboral, podemos tener interés en hacer algo porque nos permite aprender algo nuevo, usar una nueva herramienta, porque la tarea se desarrolle en el extranjero y se tenga que viajar, o porque nos gusta. Todos los casos son bastante personales, por lo que para poder desarrollar este tipo de motivación es importante conocer los gustos e intereses de cada persona en particular.

Como ejemplo de motivación secundaria tendríamos el interés de un proveedor en nuestro proyecto como puerta de entrada a posibles nuevos contratos con nuestra empresa, o el interés de un trabajador en ganar notoriedad para ser promocionado. No es que personalmente estén interesados, pero sí que actúan en pro de un interés; por lo tanto, aplica lo mismo que en el caso anterior, debes conocer este interés y a la persona.

Un ejemplo de lo tercero sería aplicar las penalizaciones que suele haber en los contratos: "Si no acabas a tiempo te descontamos la penalización". O cuando un trabajador acepta irse a trabajar al extranjero porque si no lo hace dejará de contar para posibles promociones.

Obviamente lo ideal es conseguir la participación desde cualquiera de los dos primeros motivos, pero la realidad es que te va a tocar trabajar con personas que participen desde cualquiera de estas tres motivaciones, requiriendo que adaptes tu forma de persuadir y dirigir.

Cuando no seas capaz de conseguir una reacción basada en alguna de las dos primeras motivaciones, la solución será generarte una situación de poder. Esto se puede conseguir escalando el problema al superior de la otra persona (o decir que lo haremos), no liberando pagos a un proveedor, buscando obligaciones contractuales, remarcando el impacto negativo de no hacer algo, etc.

Pero centrémonos en cómo conseguir los dos primeros tipos de motivación. Estos se basan en dos aspectos: la importancia y la confianza que la persona tenga en nosotros y la tarea a realizar. Por ello, cuando quieras influenciar a alguien debes intentar estas estrategias:

1_ Conseguir que el proyecto o la tarea se vean como relevantes o importantes para la otra persona. En cierta forma esto consiste en "vender" la tarea en base a los intereses o forma de pensar de la persona a quien quieres convencer.

Ejemplos.

"Esta es una tarea para un cliente importante y con mucha visibilidad dentro de la empresa; por lo que si la haces bien vas a ganar en reconocimiento ¿Quieres ocuparte tú?" Buscamos una motivación secundaria

"Esta tarea te va a permitir trabajar con la persona X, la cual es un gran experto en este tema que te interesa. Es una buena oportunidad para que aprendas de él" Buscamos una motivación primaria

"Este cliente va a invertir en proyectos similares en breve, por lo que conseguir buenos resultados en este proyecto puede generar más ventas a la empresa. Creo que si me asignaras recursos más cualificados mejorarían los resultados" Motivación primaria o secundaria si las ventas generan un beneficio personal para el interlocutor o no.

2_ Crear confianza en ti como director/a de proyectos o tu proyecto. Nadie quiere seguir a alguien que no tiene claro por dónde ir, o hacer una tarea que considera poco importante o inviable. Por lo tanto, debes generar estas ideas sobre ti y tu proyecto.

Ejemplos.

"La planificación que propongo está basada en la del proyecto D, similar a este y que consiguió buenos resultados. Por ello creo que si seguimos la misma planificación conseguiremos los mismo buenos resultados" Buscamos generar confianza por comparación y una motivación secundaria

"Este proyecto está respaldado por la dirección de la empresa, ya que se considera importante para incrementar las ventas del próximo año" Se busca dar importancia al proyecto mostrando que hay personas importantes apoyándolo. Que sea importante puede crear una motivación secundaria al interlocutor.

3_ Desarrollar tu propia autoridad. Ser líder no es lo mismo que ser jefe; al líder se le sigue porque es capaz de generar confianza, motivar y hacer propuestas que el resto acepta como correctas. Seguro que en tu entorno hay personas consideradas referentes para determinados temas y la gente escucha su opinión. Dentro del mundo laboral es evidente que los profesionales con experiencia y casos de éxito generan más confianza en la organización que los novatos, por lo que estos van a ser escuchados y seguidos más fácilmente. Se han creado una autoridad basada en su experiencia y capacidad para el puesto. Obviamente esta es una estrategia que deberás trabajar a medio-largo plazo haciendo bien tu trabajo, consiguiendo éxitos y dándoles visibilidad.

Por ello tu capacidad de liderar se basará en la confianza que generes y a la importancia que las personas den a la tarea o proyecto en cuestión. Si consigues que ambos aspectos sean elevados, el resultado será que vas a influenciar y convencer más fácilmente a los demás.

En este capítulo nos hemos centrado mucho en tareas, por lo que puedes entender que el liderazgo es solo aplicable a la gestión de equipos de trabajo. Esto no es así, el liderazgo aplica a cualquier relación personal.

Si lo vemos dentro del ámbito de los proyectos, podemos poner varios ejemplos fuera de la gestión de equipos donde puedes aplicar estas estrategias:

Ejemplos.

Proponer una determinada solución al cliente. Tu interés es que el cliente acepte lo que propones, por lo tanto, intentas influirle y convencerle. Puedes crear confianza en tu propuesta mostrando resultados positivos de otras veces que se haya aplicado algo similar.

Solicitar más recursos o una persona en concreto a un jefe de departamento. Puedes convencerle intentando que este vea tu proyecto como importante, o que la mayor participación de su departamento puede ser una ventaja para él.

Conseguir más recursos de un proveedor para acabar a tiempo. Puedes intentar crear una motivación secundaria mostrándole que existen nuevas oportunidades de negocio para ellos, y que un buen resultado les ayudará. O crear una situación de poder recordando que el último pago depende de tu aprobación, o que existen penalizaciones por demora que puedes verte obligado a usar.

Ya has llegado al final de esta guía.

Espero que la hayas encontrado útil y agradable de leer. En ella he tratado de explicarte las técnicas y la teoría en gestión de proyectos desde una perspectiva práctica, tal y cómo me hubiese gustado que me las hubiesen explicado cuando empezaba en esta profesión. Por ello espero que ha pueda ser de ayuda en tus futuros proyectos; o por lo menos haberte entretenido y darte un punto de vista diferente sobre la profesión.

Para poder ir mejorando está guía en futuras ediciones, así como plantearme nuevos libros que puedan ser de tu interés, te agradecería que dejarás un comentario, valoración o tus experiencias en la tienda online donde compraste esta guía, o en su defecto en:

https://www.recursosenprojectmanagement.com/guia-practica-en-gestion-de-proyectos/

AGRADECIMIENTOS

Al tratarse de una guía práctica, la cual he escrito en base a la experiencia acumulada trabajando como director de proyectos y a los conocimientos teóricos adquiridos en los diferentes cursos y masters que he cursado, el primer agradecimiento debe ser para todas aquellos compañeros, profesores, empresas y clientes que me han permitido desarrollarme profesionalmente en este campo. Sin ellos no hubiese sido posible adquirir los conocimientos que he querido plasmar en esta guía.

También quiero agradecer a las personas que me han ayudado a mejorar este libro con sus revisiones y comentarios, quitando tiempo de sus apretadas agendas para ello:

Angélica Jaramillo. Profesional con varios años de experiencia en puestos directivos en Bayer, y actualmente coach personal y profesional.

LinkedIn: https://www.linkedin.com/in/angelica-jaramillo-0270061a

Clarisa Dubini. Profesional especialista de Recursos Humanos, con más de 10 años de experiencia en grandes empresas.

LinkedIn: https://www.linkedin.com/in/clarisadubini/

Dunia Domingo. Ingeniería química con más de 10 años de experiencia en puestos de ingeniería de producción y mantenimiento en el sector farmacéutico y cosmético.

LinkedIn: https://www.linkedin.com/in/dunia-domingo-24562168/

Gracias a todos ellos.